U0459294

图培计划 教育书系
JIAOYUSHUXI

陈永畅◎主编

动态化

教学内容处理的新路径

哈尔滨出版社
HARBIN PUBLISHING HOUSE

图书在版编目（CIP）数据

动态化：教学内容处理的新路径 / 陈永畅主编 .

哈尔滨：哈尔滨出版社 , 2024. 6. -- ISBN 978-7-5484-

8009-9

Ⅰ . G62

中国国家版本馆 CIP 数据核字第 2024359B5N 号

书　　名：**动态化：教学内容处理的新路径**
DONGTAIHUA: JIAOXUE NEIRONG CHULI DE XIN LUJING

作　　者：陈永畅　主编

责任编辑：韩伟锋

封面设计：智诚源创

出版发行：哈尔滨出版社（Harbin Publishing House）

社　　址：哈尔滨市香坊区泰山路82-9号　　　邮编：150090

经　　销：全国新华书店

印　　刷：武汉颜沫印刷有限公司

网　　址：www.hrbcbs.com

E-mail：hrbcbs@yeah.net

编辑版权热线：（0451）87900271　87900272

开　　本：710mm×1000mm　1/16　印张：16.75　字数：250千字

版　　次：2024年6月第1版

印　　次：2024年6月第1次印刷

书　　号：ISBN 978-7-5484-8009-9

定　　价：70.00元

凡购本社图书发现印装错误，请与本社印制部联系调换。

服务热线：（0451）87900279

编委会名单

主　编：陈永畅

编　委：（排名不分先后）

袁伯维　邢　楠　邓淑妮　赖允珏　罗　瑜　吴黎纹

蔡晓欣　郭敏敏　黄晓丹　陈　冲　马希纯　戴志军

汪姗姗　张晓燕　邱　琳　赵少棠　陈桂涛　张佳雯

庞婉玲　曾柳青　周宝媚　黄惠玲　魏先玲　吴小霞

温晋云

与学生在课堂中共"舞"

　　课堂，永远不是教师或学生孤立的舞台，而是双边互动的场域，是需要师生共同完成的一曲和弦、一支集体舞、一次拔河比赛，是需要相互作用、相互支持和共同努力的。"舞"还意味着要动起来，这里的动是要遵循教育规律和学生学习特征的，不是毫无依据的"乱舞"。因此，我们这个团队一直在探寻动态与静态的哲学关系，找到平衡点，让动态为静态赋能，让动态为静态提质，让动态为静态增趣。只有让教师与学生都成为学习的主体，把课堂塑造成为师生共同舞蹈的场域，才能让师生都出彩。

　　共舞，意味着共创课堂和谐之节奏。教师需要根据学生的特点、教材内容和教学目标，精心设计课堂节奏。通过提问、讨论、活动等形式，引导学生积极参与，共同创造出一个充满活力、节奏明快的课堂氛围。这是需要我们师生共同努力的，那么我们老师更要学会研究课题、研究教材、研究学生。

　　共舞，意味着共享知识生成之幸福。在这样的课堂中，知识不再是死板的文字或公式，而是师生间共享的精神财富。通过互动、合作、交流和探究等方式，让学生感受到知识的内在魅力，激发他们的学习兴趣和求知欲，充分突出动态化的优势，让教学之舞更加贴近儿童，更加适合儿童，这就是师生共同的幸福源泉。

　　共舞，意味着共寻专业成长之路径。在共舞的过程中，我们借助动态化的手段，在研究教材和学生的过程中得出许多规律，因此教师不仅关注学生的知识掌握情况，更关注他们的情感、态度和价值观的发展。通过鼓励和引导，帮助学生建立自信、培养品质、实现自我超越，从而真正地促进学生的全面发展和综合素养提升。

共舞，意味着共筑师生和美之关系。在共舞的课堂中，师生关系更加和谐、融洽。教师尊重学生、理解学生、关爱学生，学生也信任教师、亲近教师、感激教师。生动的场景或情境，激发学生的学习兴趣和积极性，也拉近了师生关系。这种和谐的师生关系有助于营造积极向上的学习氛围，提高教学效果。

与学生在课堂中共"舞"，是一种理想的教学状态，它要求教师具备创新的教学理念、灵活的教学方法和深厚的教学智慧。因此我们的团队一直探究以"动态化"实现这一目标，也期许我们能共同努力，为创造一个充满活力、和谐共舞的课堂而不断探索和实践。沿着这样的道路与学生携手一路走来，一路探索，一路求变，一路寻道，当然也一路幸福着。看见了教师的成长，也看见了学生的变化。也就让我们更有动力一直走下去，从而到达老师与学生共舞的彼岸。

陈永畅

2023 年 12 月

目 录 ◄◄◄ ······

CONTENTS

"动态化"的本质讨论

可能很多老师看到"动态化"一词时，都觉得我是为了吸引眼球而创造了一个新词。其实不然，在十多年的教学生涯中，我们经历了很多教育思想的冲击、教学方式的变革、学习策略的更新等等，但是回过头来看，我们都无法逾越教材解读这座大山，无论在哪个教育改革时代，教材解读永远是我们教师最基本的教学技能，而"动态化"处理教材内容就是教材二次开发的一个影子，它聚焦于教师利用"动态化"的策略来处理教材。那么为什么要"动态化"处理呢？动态化能还原情境创设的真实性和思考性，优化教学组织的过程性和思维性，突出活动设计的探究性和灵动性。那么其本质是什么呢？我觉得这是一个值得我们研究和讨论的问题。

"动态化"的前世今生

——关于教材内容动态化呈现研究的文献综述

陈永畅　蔡晓欣　吴黎纹　张佳雯

教材是学生学习的主要材料，由一个个知识点按照一定的知识序列建构而成。义务教育数学课程标准（2022 年版）指出：教学过程中要合理设计各环节，注重活动化、游戏化、生活化，对教材内容进行结构化整合，重视数学结果的形成过程。由此可见，如何将教材中高度概括和抽象化的静态知识动态化呈现，让学生体验知识形成与发展过程的研究显得十分重要。我们团队基于北师大版小学数学教材内容：情境、问题串、活动设计和习题等展开研究。本研究有两个核心词："教材内容"与"动态化"，即研究基于原有的小学数学教材的内容通过动态化的呈现方式开展教学，这里主要研究情境、活动、组织等的动态化，从而形成教材内容的动态化、知识形成的动态化、学生思维发展的三位一体动态化，它属于教材创造性使用的研究视角中的一种，也就是我们通常提出的"教材再开发"或"教材二次开发"。依托教材的二次开发理论，其中包含有三个层次的意思：

（1）为了适应学生的年龄特点，解决学情差异的问题。动态化指向是思维发展，旨在培养学生具有灵动性、思辨性和深度性的思维。

（2）静态思考状态也具有动态存在，也就是思维的动态化。

（3）动态化不是追求表面的热闹，而是指向思维发展、学习需求和知识结构化。

一、关于核心词"教材内容"

教材是课程实施的第一要素，也是学生思维发展的重要媒介，有效且恰当地运用教材，在教育实践中占据举足轻重的地位，它是提升课堂效能、优化教学过程、促进学生全面发展的重要基石。在历史长河中，教材作为权威知识载体的看法持续了很长时间，直到杜威提出"学生中心"的思想后，教材开始重建，与此同时，杜威也对教材进行了界定：教材作为"知识的记录本是探索的结果和进一步探索的资源"而不应是"用来固定知识、实施和真理的意义"。自此之后，关于教材解读的不同理解与诠释日渐丰富[1]。国内关于教材解读的研究主要集中于以下几个方面：

1. 对教材静态文本内容的对比，对教材编写提供参考性意见。

国内教材对比的典型有李星云[2]研究改革开放初期、普及九年义务教育时期和21世纪初期三个教材的教材特点；刘久成[3]从建国60年的角度对教材内容和结构变化深入分析；还有部分是从北师大版、人教版、苏教版等不同出版社的教材进行对比研究。而国内外教材比对的有曹培英[4]从数与计算、量与计量、几何初步认识、代数初步认识、统计初步认识和应用题等方面对日本与上海版教材进行对比研究；李雅琪[5]从课程背景、教材结构、教材内容三个方面对中、俄、美三国教材进行了整体的比较分析。

2. 对教材静态文本的研读，进而在宏观视角下对教材使用给出策略。

钱守旺[6]认为，要上一节好课，教师需要对教材进行二度开发，善于整合资源，教学素材丰富，教学容量适度；教师还要善于挖掘教材中的隐性资源，寓情感、态度和价值观教育及知识教学于能力培养之中。钱老师[7]结合课例，提出可以从教材内容生活化、静态知识过程化、教学内容弹性化这三个方面改变教材呈现方式。其工作室的裴奎英老师[8]在此基础上也提出了三个合理开发教材的策略，即创设与生活相关的教学情境、适当调整和重组教学内容、适当拓展和补充教学内容。

3. 教材内容个案解析与重构。

研究教材中数学概念、原理、例题、习题等内容的设计意图，揭示其科学性和教育价值，同时从心理学角度出发，考虑如何适应学生认知发展水平，对教材内容进行合理重构，使之更加贴近学生学习实际。大多数以教学叙事或案例呈现的方式来谈教学中如何创造性使用教材的一些做法或策略，如张影[9]在《课程教学研究》中发表的《解析小学数学教师创造性使用教材途径》；费岭峰、胡慧良[10]在《小学教学研究》中发表的《例谈作为课程资源的小学数学教材的创造性使用》等，大多从挖掘、重组、整合、替换、深化教材等视角提出了"创造性地用教材"的理念，并提出把教材用好、用活、用实这一共识。

近年来，国内教师及学者对国内数学教材解读的研究涉及面扩宽，从知网中检索到的文献有 42 篇（如图 1 所示），其中，既有对教材本身内容、结构的深度剖析，也有对教材使用的教学策略研究，还包括随着教育现代化进程推进而产生的新课题，旨在通过更科学、更高效的教材解读方式推动数学教育教学质量的持续改进。但目前对于教材的研究以对教材的静态"文本"研究为主，直接具体可落地的研究更多是一线教师从自己的经验针对某一课例进行的个案研究，较为零散和感性，不够专题化、系统化。然而，一线教师迫切需要的，是一套可供操作实践参考的小学数学教材使用策略体系。因此将理论与实践相结合，将相同策略的课例进行专题整理，方便广大一线教师理解并迁移到自己的课堂教学中去，是一件十分有价值的事情。

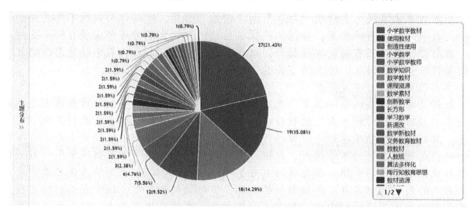

图 1 小学数学教材的创造性使用的文献概况

二、关于核心词"动态化"

以教材内容动态化进行文献检索，共有 21 篇，如图 2 所示。学段上有幼儿园、小学、中学、中职和大学，学科上涉及政治、数学、英语、地理和信息技术等。研究视角上，主要聚焦课堂生成、习题设计、教材建设、信息技术与学科融合等。在教材动态化和策略研究方面还比较少，特别是基于原有教材内容的二次创编与开发。

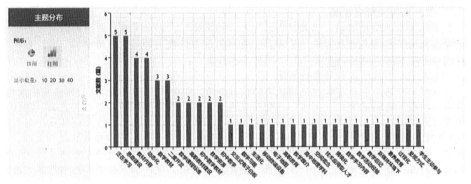

图2 教材内容动态化呈现的文献概况

1999年2月，王小丽[11]首次将"动态化"概念引入数学教学当中，她认为电教设备可以将静止的问题动态化，使抽象的数学问题具体化，从而激发学生的学习兴趣，提高教学质量。6年后，姜卫钧[12]老师提出，教材内容是一个静止的知识库，与学生接受知识的动态过程不能完全吻合，学生在教材中看到的往往是思维的结果，运用多媒体辅助教学可以使静态的知识动态化，让学生更好地体验知识的形成与发展过程。

上述两位老师简单地将动态化认为是使用多媒体设备，是对动态化呈现教材内容的片面认识。2007年，桂兹佳[13]老师根据自己的教学经验和对新教材的理解，提出大胆改造教材的想法，她认为活化教材包括：替换教学素材、补充完善教材和调整教材的编排顺序。紧接着，闫振岭[14]老师也对小学数学教学内容呈现方式做出了思考：教材总是静态、固化地呈现编者事先预设的教学思路，但真正的教学过程总是动态生成的，教师要做出转变，变"动态预设"为"动态生成"。同年（2008年），姜卫钧[15]老师再次对教材的呈现方式做出了优化，以《圆面积计算公式》一课为例，为我们讲解了利用多媒体动态化教学的好处。

2019年，汪家明[16]老师通过《平行与垂直》一课，阐述动态化策略：动态呈现素材，组织动态操作。他认为"动态化"学习符合小学生的年龄特点和认知基础，利于学生把握概念本质、理解内涵，提高数学学习能力。

2020年11月，黄桂静[17]老师通过几个教学片段，向大家分享了动态化教学的策略，即运用变化的观点创设动态情境，通过课件演示让静止的图形动起来。实践是产生真理的唯一方法，经过教学实践，黄老师对动态化策略有了新的认识：首先，可以通过语言文字串联实现动态化；其次，可以通过图形串联实现动态化；最后，通过数形结合实现动态化，做到数中有形、形中有数、数形互释、图文并茂。

三、国内外研究现状

根据上述的关键词在中国知网（CNKI）查询文献，检索到部分相关文献。通过研读分析发现，关于动态化呈现教材内容的研究存在以下特点：

1. 总体研究量少

以"动态化呈现"为主题词搜索到有 21 篇文献，近 10 年（2013–2022）仅有 5 篇与数学教学相关。以"数学教材内容呈现"为主题词搜索到的文献也并不多，前 10 年（2005–2014）年均发表量在 3 篇左右，近 10 年（2013–2022）波动幅度较大，年最高发表量与最低发表量之间相差 9 篇。其中与两大主题词相关联的文献仅有 13 篇，研究总量十分少。而且对于动态化研究的落脚点大多在信息技术的"动态化"呈现等，聚焦思维发展的不多。

2. 研究层次有待提高

从搜索的文献发现，这 13 篇文献有 92%（12 篇）以期刊形式发表，发表的期刊水平参差不齐，大多数还是地方特色期刊，未有课程化成果；仅有一篇国际会议论文，且主要研究小学数学教材中数学史的内容及呈现方式，与动态化教学的关联性不大。从整体来看，文献的质量还不是特别高，研究比较零散，并不能形成一个具有代表性的研究成果。

3. 动态化概念不清晰，缺乏理论支撑

随着时间的推移，大家对动态化呈现教材的认识越来越深刻，也为我们提供了不少动态化策略。但是时至今日，鲜有人能说出动态化的概念，及给出切实可行的实施路径和理论框架，大多数观点和策略仅来自一线教师的经验总结。显然，缺少理论的支持和专家的引领，动态化呈现教材内容的发展进程缓慢且很难引起教育界的关注和实践。

通过文献梳理，发现动态化呈现教材内容的研究在国内并未得到足够重视，但动态化教学对学生体会知识的形成与发展过程至关重要。可见，一线教师对数学知识进行重组、整合，进行动态化呈现教材内容的研究是非常有必要且有意义的。目前，相关文献在数学教学领域的研究十分稀少，已有关于动态化教学研究策略的文献相对比较局限，缺少一线的实践和验证。因此在理论上需要从原有文献的基础上，结合理论学习与教学实践，注重理论支撑与实践探索相结合，反思、修正与课堂二次实验相结合，不断地梳理出动态化呈现教材内容的一般形式。

近年关于教材的研究已越来越多，也逐渐形成了有关教材研究、不同地域教材研究的一些范式，研究的视角也逐步扩大，特别是在教材的文本性研究和实证研究也有许多突破。当然，也存在一些还可以深耕的研究视角，特别是基于教材原有的素材进行二次开发的视角，是具有研究价值的，这也就是本研究确立的初衷。

参考文献

[1] 隋谨浓. 小学数学教师创造性使用教材研究 [D]. 导师：罗祖兵；刘稳定. 华中师范大学，2022.

[2] 李星云. 改革开放 30 年小学数学教材建设的回顾与思考 [J]. 课程. 教材. 教法，2010，30（01）：64-69.

[3] 刘久成. 小学数学教材内容和结构改革六十年 [J]. 课程·教材·教法，2012，32（01）：70-76.

[4] 曹培英. 中日小学数学教材的比较研究 [J]. 课程. 教材. 教法，2000，（06）：52-55.

[5] 李雅琪. 小学数学教材中几何情境创设的比较研究 [D]. 华东师范大学，2009.

[6] 钱守旺. 打造动感课堂的 66 个细节 [M]. 福建：福建教育出版社，2018：7.

[7] 钱守旺. 把握教改方向，从容面对新课程（一）——谈改变数学教材

的呈现方式 [J]. 云南教育，2003（07）：20-22.

[8] 钱守旺. 打造动感课堂的 66 个细节 [M]. 福建：福建教育出版社，2018：255.

[9] 张影. 解析小学数学教师创造性使用教材途径 [J]. 课程教育研究，2017，（25）：133-134.

[10] 费岭峰，胡慧良. 例谈作为课程资源的小学数学教材的创造性使用 [J]. 小学教学研究，2017，（16）：15-18.

[11] 王小丽. 电教媒体在数学课堂教学中的应用 [J]. 四川教育学院学报，1999，（02）：26.

[12] 姜卫钧. 优化教材呈现方式赋课堂以生命活力 [J]. 教学与管理，2005，（02）：51-52.

[13] 桂兹佳. 把握特点活化教材 [J]. 湖南教育（数学教师），2007，（02）：18+28.

[14] 闫振岭. 变"冰冷的美丽"为"火热的思考"——小学数学教学内容呈现方式之管见 [J]. 小学教学参考，2008，（26）：6-8.

[15] 姜卫钧. 重构创新超越——小学数学教材呈现方式优化之尝试 [J]. 小学教学设计，2008，（11）：6-7.

[16] 汪家明. 小学图形与几何概念"动态化"教学例析 [J]. 安徽教育科研，2019，（20）：59-60+80.

[17] 黄桂静. 例谈动态化策略在小学数学教学中的应用 [J]. 广西教育，2020，（41）：46-47.

给静态教材多一点"温度"

深圳市宝安区西湾小学　陈永畅

　　教材是学生学习的媒介，是教师教学的工具，是师生对话的文本。那么我们该如何把这个最基础的学习工具变得更具有内涵，又更具有思考性呢？面对一些冷冰冰的文字和图表，学生是什么样的体验与感受呢？该如何让冰冷的文字与图表变得会"说话"呢？如何给静态的教材多一点"温度"已成为困扰我多年的问题。直到不断地理解教材内容的本义，从课程标准解读中去挖掘教材的内涵，我才渐渐对教材有了自己的理解和认知，而"动态化"处理的策略就成为我对教材剖析的一个切入点。

教师要带着"温度"走进教材

　　温度，就是要充满人情味、具有人文关怀、关注学生情感和心理需求；温度，就是要让人有舒适感，让人能体悟到彼此的温暖与情感；温度，就是要走进他人的心灵深处，让人感觉到暖心并激活其热情。那么教师走进静态的教材文本，激活其灵魂，让其具有灵动性，真正地成为学生参与探究的载体，这就是温度。让教材文本成为交互的工具，变成会说话的媒介，动态化呈现就是其中的手段之一，通过将静态的内容动态化处理，这也就是赋予了教材"温度"。"动态化"处理教材内容就是教材二次开发的方式之一，它聚焦于教师利用"动态化"的策略来处理教材。那么为什么要"动态化"处理呢？动态化能还原情境创设的真实性和思考性，优化教学组织的过程性和思维性，突出活动设计的探究性和灵动性。此外，这里的动态指向动中有静，静中有动。回到学习的本质上，我们关键在于培养学生的思维，人类的思维活动中，动态与静态也是相互依存和相互转化的。思维的动态指向的是思考、探究、创造和表达等，思维的静态则是指向沉思、反思、反刍和总结等，由此，不难看出动态与静态的辩证关系是能促进学生的思维发展和提升思维品质的。动态是静态的变化进阶，也就是说动态应该是具有生命力的，这同样是赋予了教材灵魂与温度，让其变成了学生学习的好素材。这一教材的处理过程中教师的作用是巨大的、无可替代的，因为教师通过动态呈现教材数据，让知识的形成产生深度思考；动态呈现教材情境，让知识思辨产生高质效果；动态呈现教材活动，让知识探究产生思维碰撞。通过教材动态化呈现的这几种小策略，能使教材的使用更具有针对性和高效性，从而真正地提升学生的学习品质、问题解决的能力和思考能力，也把教材变成了"活"的，那便就有了"温度"。

学生要带着"温度"走近教材

学生有了"温度"就能变成学习的主体，真正地成为学习的主人；有了"温度"才能从走近教材，再走进教材，最后走出教材，面向世界与未来；有了"温度"才能依托教材内容实现自己的追求，让自己变得越来越有价值，成为一个解决问题的关键者。有"温度"是指能下沉到底研究问题，有"温度"是指深入到底解决问题，有"温度"是指扩充到底发现问题。当然，有"温度"更能促进学生主动与教材进行对话，意味着学生在学习过程中，不仅仅是机械地收获知识，而是带着自己的情感、体验和思考去理解、消化和应用知识。这样的学习方式不仅更加深入、全面，而且更加有意义，因为它能够激发学生的学习兴趣和动力，提高他们的学习效果和综合素质。那么如何帮助学生带着温度走近教材呢？其一，要激发学生与教材建立情感联系，即学生在学习时可以尝试将自己的情感与教材内容联系起来，比如通过想象、联想等方式，将知识与自己的生活经验、情感体验相结合，从而更好地理解和记忆知识。其二，要激发学生积极参与课堂，学生在课堂上可以积极参与讨论、提问、分享等活动，与老师和同学交流互动，共同探讨问题，这样不仅可以加深对知识的理解，还可以培养自己的批判性思维和表达能力。其三，要激发学生关注实际应用，学生在学习时可以关注知识的实际应用场景，了解知识在实际生活、工作中的应用情况，这样可以让学习更加具有目的性和针对性，同时也可以提高自己的实践能力和解决问题的能力。学生带着温度走近教材是一种积极、主动的学习方式，它不仅可以提高学生的学习效果和综合素质，还可以帮助学生更好地理解和应用知识，实现自我价值和社会价值的统一。

"温度"是需要我们"人"参与的，由此可见在我们的静态教材使用中，"人"一定是起到主导作用的，只有"人"的主动参与才能激活教材的魅力、本质和内涵。借助"动态化"的手段给教材赋予"温度"，是我们处理教材很重要的方式，下面以两个案例阐述"动态化"如何实现"温度"的提升。

案例1：动态使用教材使知识生成"活"起来

——以北师大版小学数学教材使用为例

深圳市宝安区西湾小学　陈永畅

当前，教材仍然是一线教师教学的蓝本，虽然一直以来它都被赋予神圣的地位，但是教师在使用过程中照本宣科等误区也同样层出不穷。那该如何进行教材使用策略上的改变，使知识的生成符合学生学习规律，并且真正"活"起来呢？

一、动态呈现教材数据，让知识形成产生深度思考

教材中数据的呈现往往是"死"的，是需要教师进行有效的二次加工才能起到更佳效果的，但鉴于教师对教材本质解读存在差异，往往会出现许多不同品质的课堂，学生的学习效果也同样出现差异。

如北师大版小学数学四年级下册"三角形三边关系"一课，这是一节定理的探究课，在小学阶段不需要进行定理的证明，但是需要让学生通过一些特殊的个例研究，从特殊到一般，最后得出这个结论。因此基于这样的教材解读和学生的学习基础简析，我们不难看出学生需要有足够多的数据，从而通过不完全归纳法来得出这个规律，那如何能更好实现呢？我们通过原教材设计和动态化呈现教材设计这两节课的教学思路来对比一下：

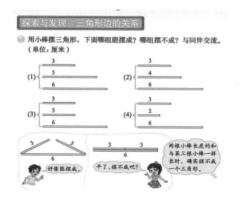

原教材教学思路示意图　　　　动态呈现教材教学思路示意图

| 给出 4 组不同数据的小棒 |
| 小组选择其中 1 组进行操作实验 |
| 小组汇报拼搭结果并说明思考 |
| 引发思考，梳理数据特征 |
| 发现其中规律 |

| 给出 5 根不同数据的小棒 |
| 小组每次选择 3 根进行操作实验 |
| 小组汇报拼搭结果并说明思考 |
| 引发思考，梳理数据特征 |
| 发现其中规律 |

图 1　两节课的教学思路示意图

这两个设计思路，数据并没有改变，仅将原来的 4 组固定的数据改为从 5 根中选择出 3 根拼搭成三角形动态呈现，却使得结果数据从原来的 4 组变成了 10 组，如此一来再让学生通过观察列表中的数据组成：（2，3，4），（2，3，5），（2，3，6），（3，4，5），（3，5，6），（4，5，6），（2，4，5），（2，4，6），（3，4，6），（3，5，6），接下来引导学生观察这 10 组数据存在的一些规律，学生就能比较容易发现三角形边之间的关系，更主要的是有了更多的数据支持猜想便能增强学生对这个定理的理解，从而"三角形任意两边之和大于第三边"这个性质定理的探究过程就变得顺理成章了。经过动态化呈现的数据特征不仅更具有科学性，还能更容易帮助学生进行规律的归纳和总结，并且让学生有不同的思考角度和认知深度，这是静态数据所无法达到的效果。

二、动态呈现教材情境，让知识思辨产生高质效果

北师大版小学数学教材是以"情境＋问题串"的模式来呈现知识的，这说明在小学数学学习中，情境是十分重要的一个元素，因此如果想要提高课堂学习的效率，就必须提高学习情境的质量，真正让学生能在现实的问题情境中，产生思考、质疑、发散与总结。

如北师大版小学数学四年级上册"乘法分配律"一课，在经过多次的教学实验后发现，学生对乘法分配律依然有比较多的问题：例如（a+b）×

c=a×c+b、（a+b）×c=a×c×b×c、（a+b）×c=a×c×b 等。这足以证明学生对于乘法分配律这个知识点还只是停留在识记层面，并未能对知识进行迁移与应用，对于它的本质内涵还是一知半解的，从而造成只懂算式变化之其形而未得乘法性质之其神，由此可见这个知识的思辨品质还只是处于低阶层。那动态呈现问题情境能有什么意外收获呢？下面用这两种对比实验来列举。

图2 两节课的教学思路示意图

第一种是直接给出一个大的情境让学生去发现它们的规律，第二种是有指向性、一步步动态化地给出每个细节的情境，为什么这样做呢？左边的瓷砖数量是：4×9=36（块），右边的瓷砖数量是6×9=54（块），而左右两边放在一个平面上瓷砖的数量是：（4+6）×9=90（块）。从乘法的性质来讲，可以看成是左边4个9，右边是6个9，左右两边就是10个9，这样的变换形式能将乘法分配律与乘法性质的桥梁打通，从而将乘法分配律回归到乘法本质，那么学生学习过程的重点研究就放在了为什么是"4+6"这个问题上，这才是乘法分配律的关键所在。

由此，将这个情境分三步动态呈现：一是能让学生有目的性地去探究两组算式间的关系；二是让学生能基于乘法的意义来读懂乘法分配律的本质；三是营造了顺势而为的学习场景让学生的学习效果直线上升。因此改变了情境的呈现方式，当然有时也就能收获不一样的惊喜了。

三、动态呈现教材活动，让知识探究产生思维碰撞

教材中探究活动组织的品质将决定学生思维发展的高度，因此精心的设计和思考探究活动的呈现方式是至关重要的，特别是要站在学生的认知起点和思考角度来打造具有可持续发展的活动。

如北师大版小学数学二年级上册测量单元"认识厘米"一课，这一课主要是让学生通过不同的测量单位的体验引出认识厘米的必要性，并学会利用工具进行物体长度测量的正确方法。其实二年级学生不仅在一年级科学课中已经初步认识了一些基本的测量工具，还对测量有了一定的知识基础，那么这个测量的探究活动我们还是按照教材中给出的设计吗？

只有一种测量工具显然不能满足学生的探究需求，也不能激发学生的研究欲望，更不能突破学生"非零刻度读数"的学习难点。因此，这里进行了探究活动的动态化处理，给每个小组提供不一样探究工具：正常的直尺、软尺、没有刻度数的直尺、缺少部分刻度数的断尺、长度不够的直尺。把这些工具分发给各个小组，有些拿到的是一样的，有些是不一样的，但当每个小

组拿到其中一个工具时可能思考就已开始了：要怎么样进行测量呢？于是通过小组的合作与交流后发现从零起读数、非零读数、叠加读数等不同的方法，这时活动组织是动态的，学生生成是动态的，方法总结也是动态的。经过这样动态化的探究活动，学生对于测量方法的掌握可想而知有多牢固，更主要的是这样解决问题的过程培养的是学生思考的方式。

当然，教材不应该是教师教学和学生学习的全部，但是高质量地组织教材的学习应是最低的底线，保持保底思维，将教材的作用最大化，也算是大部分教师的最基本需求，这里通过教材动态化呈现的几种小策略的解读，期许能使教材的使用更具有针对性和高效性，从而真正地提升学生的学习品质、问题解决的能力和思考能力。

案例2：天平动态链接方程本质　对话深度生成数学思想

——骆奇老师"方程"一课教学赏析

深圳市宝安区西湾小学　陈永畅

深圳市盐田区山海学校　骆奇

"方程"一课在小学数学领域的教学研究中存在很多分歧，如"天平"这一工具饱受诟病：其一，从天平这一生活模型到"含有未知数的等式"这一方程概念的教学，老师们往往走进了"两张皮"的教学误区，不能将天平与方程链接起来；其二，老师们认为将它运用在解方程中不利于与初中知识的衔接，毕竟到了初中移项求解才是"正解"。由此，天平为什么要在北师大版教材中出现呢？而且其地位还如此之重要呢？直到前些天听了深圳市名师骆奇老师执教的"方程"一课，才真正地读懂教材的意图。骆老师并未过多改编教材内容，按照北师大版教材进阶的几个问题串，一步步地引领学生悟出方程这一抽象的概念。课中，骆老师带着一把"活"天平与学生"玩"出概念，这一动态化过程，让学生在猜测—实验—感悟中发现天平与方程的本质联系；此外，在师生的对话和生生的思辨中产生疑惑—相互启发—逐层抽象，在这样深度的研讨中不断地生成了数学的思想方法。

一、激活经验，天平动态链接方程

导入环节骆老师在课件中展示天平的图片，然后提出问题。

师：今天老师给大家带来一个学习的好帮手，请看，这是什么？

生：天平。

师：那有谁知道天平是用来做什么的呢？

生1：用来称重量的。

生2：用来比较左边的物体和右边物体的重量的。

师：那你们知道天平是怎么来称东西重量的吗？我们一般在天平的左边

放一个要称的物体,那右边呢?

生:放秤砣。

师:是的,在天平中秤砣也叫砝码。而且当天平平衡的时候,左边物体的重量就跟右边砝码的重量相等。想不想试一试?

生:想。

师:好的,请看好。(这时在天平的左边动态放下一个盒子,天平往左侧偏)现在你们发现了什么?接下来我们怎么办?

生:往右边放砝码。(老师出示100克的砝码)

师:是这样放吗?(动态将100克砝码放在右盘上)现在你发现什么了?

生1:天平平衡了。

生2:盒子的重量是100克。

师:是的,天平就是这样来称东西的。都会称了,还想称吗?但是今天老师这里只有两个砝码,一个是100克的,一个是20克的。

这次老师出示了一个苹果,但是当苹果放在左盘,把100克的砝码放在右边时,天平往右边偏了,然后骆老师顺势提问。

师:只有两个砝码,可是现在又该怎么试着放砝码?

生1:把100克的拿起来,放20克的。(学生一边说老师一边放,结果天平又往左边偏了)

生2:把苹果和20克的砝码放在左边,把100克的砝码放在右边。

师:是吗?要不要试一试?

生:平衡了,这个苹果重80克。

【赏析】这个环节的设计看似与方程学习并无关联,但恰是这样的一个动态的猜测、尝试、对话、调整的过程,让学生深刻地认识了"天平"平衡的关键,即左边的重量=右边的重量,也就是把"相等"的关系埋在了学生的心里,为下面学习方程奠定基础。更为巧妙的设计在于只有两个砝码,而20克的砝码与苹果放在一起,才能与100克的砝码平衡,这就是让学生初步有了等量关系的视角,有了方程的影子,不仅唤醒了学生的记忆,激活了学生的经验,更让学生链接了旧知与新知间的关系。此刻,天平与方程的"梁子"便接下了，学生从生活模型到数学模型的抽象便水到渠成，这就是以生为本的教学理念的落地。

二、激发思辨，问题逐层抽象方程

这个环节，骆老师用递进的问题，像剥笋似的一层层引领学生理解方程的概念。从等量关系到等式，从等式到方程，学生一步一个台阶，对这一抽象概念有了深刻的理解与认识。

第一个问题：能写出图中的等量关系吗？

师：很厉害，结果都会求了。但是今天老师想问你们能根据图中的信息写出等量关系吗？（学生在本子上写出它们的等量关系，然后展示汇报）

生1：100克 –20克 = 一个苹果的重量。

生2：100克 =20克 + 一个苹果的重量。

生3：一个苹果的重量 +20克 =100克。

师：那这三种表示方式，你觉得哪一种跟这幅图表示得最像？

生：一个苹果的重量 +20克 =100克。（老师将这一个结果板书在黑板上）

师：这三种表示方法都对的，但是这一个跟我们图的关系更像对吧。

第二个问题：你能把等量关系改写成等式吗？

师：这是我们上一节课学习的等量关系，但是这一节课我们要学习新的知识，为了方便我们表示，我把这个苹果用 y 克表示，你能把等量关系改写成等式吗？

生：y 克 +20克 =100克。

师：有没有不一样的写法的？

生：$y+20=100$，它们都是相同的单位，所以可以省略不写。

为了引出更多含有字母表示的等式，这个环节骆老师又引入称火腿肠的活动，当左边只有一个火腿肠时，右边单独放一个100克或20克的砝码时，天平都不能平衡，那么怎么办呢？

师：现在该怎么处理呢？

生：像刚刚那样把火腿肠和20克的砝码放左边，把100克的砝码放右边。

师：还是不能平衡！那怎么办呢？

生：加火腿肠。

师：你们也太聪明了，还能想到加火腿肠。我以前的学生从来没想到这个方法，老师在家里也试过，你们看。（一边调试一边展示：在左边放了三根火腿肠，右边放的是一个 100 克的砝码和一个 20 克的砝码）。

追问：你能根据图中的等量关系，直接写出等式吗？

生 1：$a \times 3 = 100 + 20$

生 2：$3a = 120$

师：那老师现在把 $3a = 120$ 和 $y + 20 = 100$ 放在一起。

第三个问题：这两个等式有什么特点？

师：你们仔细观察，现在写到黑板的这两个等式有什么特点？

生 1：它们都是等式。

生 2：它们都有字母。

师：这个字母有什么特别吗？

生：可以表示数。

师：而且刚刚我们的同学马上就知道了这个字母表示哪个数，但是在我们没有计算前，这个字母是不知道的，我们把它叫作未知数。

师：所以在数学上，我们把含有未知数的等式就叫方程（板书课题：方程）

顺势引入史料：介绍方程的来历及其发明者韦达。

【赏析】这个探究环节用了三个层层递进的问题，从直观的天平过渡到写等量关系，从等量关系抽象出等式，从等式中发现其特征归纳出方程的概念，一气呵成。其实，这里有几个很关键的处理，例如三种不同的等量关系，我们只留下一种，这是为以后学生列方程的习惯做铺垫（学生习惯把含有字母的放在左边）；再如，怎么样从等量关系到等式呢？这时老师给了一个提示，就是用原来的字母来表示这个苹果的重量，顺势给出 y 克表示苹果的重量，那么学生在写出等式时便有了支架。以往，我们一线教师常常会因为学生对方程这一概念理解困难而烦恼，而骆老师在此分解了概念的关键词，把每一次体验打了一个"结",最后将这几个"结"串起来,这样不仅分化了学习的难度,更重要的是让学生有了一步一个脚印的过程,让学生对概念的理解和认识有了不同的感受。

三、激扬思维,变式深化巩固方程

动态出示一壶 1000ml 的果汁,然后出示 2 个相同的大杯子(可装 aml),一个可装 240ml 的小杯子。然后提出你能根据等量关系写出方程吗?

生:2a+240=1000。

师:刚才我们借助天平来写出方程,现在我们已经没有了天平,我们也能写出方程。那你认为写方程的关键是什么?

生:我们写方程时,虽然没有天平,但是我们心中要有天平。

师:太好了,其实是不是我们心中要有等量关系?等量关系就是我们写方程的关键。

师:你还会列方程吗?老师这里有三道题,分别为 1 星、2 星和 3 星,你根据今天学习的情况来完成,如果觉得自己都学会了,可以全选。

★一辆公共汽车到站时,有 5 人下车,8 人上车,车上现在有 15 人,车上原来有 x 人。

★★我心里想了一个数 x,这个数乘 4,加 6,再减 3,得 87。

★★★我心里想一个数 x,这个数减去 5,再乘 4,得数是这个数的 2 倍。

骆老师根据学生的汇报调整了对话的顺序,特别是在三星的题目中停留比较长,这里有解方程的一些影子,为下一节课做好铺垫。

师:关于方程,你还想了解什么?

生 1:方程怎么来的?

生 2:怎么解方程?

师:这也是我们下一节课重点要研究的问题,今天我们就先学到这了,下课。

【赏析】练习设计是进阶的,也是具有针对性的。第一个题目是前面学习内容的变式,原来简单的方程是老师带着学生一起探究出来的,但是这个稍复杂的变式是学生自己独立写出来的，从而实现了举一反三，让学生对方程有了更深刻的理解；第二个题目采用了分层选择的方式，学生可以选择适合自己的题目，但实际上每个孩子都会选择跳一跳，尝试挑战每一个题目，汇报分享时聚焦 3 星的题目，因为这个题目将为我们下一节研究解方程提供很好的链接。习题的设计不是简单的巩固与运用，还需要关注学生的思维发展，骆老师这点显然处理得非常好，放手让学生去尝试列出变式方程，并利用算术的逆向思维列出方程，这些都是在不断深化方程的内涵，挖掘方程的本质，促使学生对方程这一概念能有更全面的理解。

从"天平"的数学化过程看方程的本质，这是一个比较有意思的视角，也是新课标视野下的一种思维方式，站在学生的学习视角，我们需要将教材内容进一步深化，通过动态化处理、问题引领等方式链接学生的学习经验，在对话中深度发展学生的思维，进而形成数学的思想方法。

案例3：以学定教，数形结合撬动空间观念发展

——以《包装的学问》一课教学为例

深圳市宝安区海城小学　赖允珏

《义务教育数学课程标准（2022年版）》指出："空间观念主要是指对空间物体或图形的形状、大小及位置关系的认识……空间观念有助于理解现实生活中空间物体的形态与结构，是形成空间想象力的经验基础。"[1]曹培英教授指出："小学生空间观念的表现，主要就是在所学几何形体的现实原型、几何图形与它们的名称、特征之间建立起可逆的'刺激—反应（联想）'。"[2]空间观念如此重要，其发展并不局限于表象的形成，"形"与"特征"的互逆联系、"形"与"数"的对应，更是发展空间观念的关键所在。

那在现实教学中学生的空间观念是否得到了真正的发展呢？我们不妨先来看看这样两道题：

1. 把3个同样大小的正方体拼成一个大长方体，表面积减少了64平方厘米，一个小正方体的表面积是多少平方厘米？这个大长方体的体积是多少立方厘米？

2. 把一个正方体木块锯成两个完全一样的长方体，结果表面积增加了50平方厘米，原来这个正方体木块的表面积是多少平方厘米？体积是多少立方厘米？

这两类题在练习中"老生常谈"，但学生却容易在上面出现"滑铁卢"。通过访谈，发现孩子们出错的原因有以下几个：

1. 在脑海中不能想象出"拼"或"摆"的画面。

2. 能在脑海中想象出画面，但不会画图。

3. 能够想象与画图，但是不能把"数"与"形"相对应。

4. 不能建立起已知条件与问题之间的关系。

由此可见，五年级学生在学习完《长方体（一）》和《长方体（二）》后，

并未建立起良好的空间观念，特别是在灵活运用方面。

《包装的学问》这节课虽然隶属于"综合与实践"板块，大部分教师在教学时也将其定位为"策略的优化"，但同样不能忽视这节课与上述两类题之间的联系，更不能忽视它在学生形成表象、建立联系、发挥想象甚至形成推理中的重要作用。

一、基于"摆拼"，在数形结合中发现"学问"

课堂伊始，学生研究包1盒糖果需要多大面积的包装纸，明晰问题本质是求长方体的表面积，得出结果为950平方厘米。

（一）拼摆活动，积累活动经验

研究表明，小学生形成、发展空间观念主要依靠"视"与"触"，即主要途径、手段是观察与操作。在整个小学阶段，触觉、运动觉与视觉的协同活动，始终是获得空间观念的有力支撑。[3] 本课在此环节给予学生充分的材料与时间进行"拼摆"小长方体的活动：

1. 探究问题：两盒糖果包一起，怎样包装才能节约纸张？

2. 探究要求：

（1）用学具摆一摆，探索一共有几种包装方法。

（2）小组讨论哪种方法最节约包装纸。

3. 探究结论：

（1）两个大面重叠在一起。

（2）两个中面重叠在一起。

（3）两个小面重叠在一起。

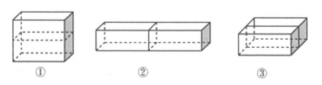

图1 学生拼摆2个糖果盒汇总图

讨论2个糖果盒如何包装对五年级学生来说，难度并不大，可能大部分学生通过生活经验能够做出判断。这个"拼摆"环节的目的是什么呢？在"拼摆"

的过程中，让学生通过"触觉"和"视觉"双向通道，对探究对象有初步的形状、大小、位置关系的印象，感受两个长方体重叠之后，有一些面消失了，为后续探索4盒糖果的包装方法奠定基础。同时，考虑到学生发展的差异性，"拼摆"活动能为空间观念发展较弱的学生提供"脚手架"。

1. 探究问题：哪种方案最节约纸张？为什么？

2. 探究要求：先估再算。

3. 探究结论：

（1）估：两个大面重叠在一起后，表面积最小，因为重叠的面积最大，外面的面积就最小。

（2）算：

方法一：计算重叠后长方体的长、宽、高，根据长方体表面积公式计算。

方法二：1个糖果盒表面积 ×2− 重叠的面积。

追问：重叠面的面积为什么要用一个面 ×2？

生：因为两个长方体重叠在一起，两个长方体各有1个面重叠了，所以要用一个面的面积 ×2。

（二）数形结合，建立空间观念

学生通过两种算法都能验证：把两个大面重叠在一起的方式最节约包装纸；通过"拼摆"能够理解方法二每一步计算的结果表示什么。此环节的目的仅在于方法或结论的获得吗？理解算法和结论背后的原因，帮助学生建立空间观念更加重要。故在教学中加入以下问题：

师：请同学们仔细观察重合面与对应算式中减去的面积，你能理解为什么方法一最节约包装纸吗？

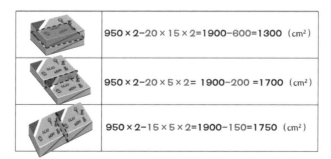

	$950 \times 2 - 20 \times 15 \times 2 = 1900 - 600 = 1300$（cm²）
	$950 \times 2 - 20 \times 5 \times 2 = 1900 - 200 = 1700$（cm²）
	$950 \times 2 - 15 \times 5 \times 2 = 1900 - 150 = 1750$（cm²）

图2 包装方式图与算式对应图

数形结合在几何研究中发挥着"数让形更入微"的作用。学生通过观察，能够将"重叠的面"的大小与算式中减去"重叠的面"的数值建立联系：重叠的面积越大，减去的数值越大。通过"数形结合"的方法，帮助理解"重叠面积越大，表面积越小"这个结论。

二、基于"画图"，在"推理"中应用"学问"

画图是学习图形与几何的直观手段，通过画图能够丰富学生的几何认知，促进空间观念的发展，同时还能切实改善、强化中小学数学教学的衔接。但画图却未在小学阶段得到应有的重视。[4] 教材在探索 4 盒磁带时，鼓励孩子画出草图，为了使问题情境更加连贯，在此环节仍沿用"糖果盒"的情境。

（一）画图活动，促进可逆转换

空间观念是学生主动"模糊"二维和三维空间之间界限的一种本领，是学生对生活中的空间与数学课本上的空间之间密切关系的领悟。[5] 探索 4 个糖果盒怎样包装最节约包装纸对学生来说有一定的难度，在这个环节并未完全撤去学具，而又增添"画草图"这一支架。

1. 探究问题：如果 4 个糖果盒在一起，你能想到几种包装方法呢？哪种方法最节约纸张呢？

2. 探究要求：

（1）想一想有几种包装方法？想不到的可以动手摆一摆。

（2）每人选择一种包装方法，画出草图。

（3）算出它的表面积。

3. 探究结论：学生分享 6 种摆法。

这个环节，学生花了大量的时间在画草图上，有一些学生无法直接画出来，得先摆再画，还有很多孩子的草图不够准确，但这个活动对学生空间观念发展而言是非常有必要的，能帮助学生实现从实物到图形的"转化"。

图 3　学生草图

（二）推理活动，发展空间观念

研究表明："通过对具体情景的探索会发现，从不同的角度观察物体、辨别方位、动手操作、想象、描述和表示、分析和推理等活动是发展学生的空间观念的有效途径。"[6] 可见，空间观念的发展离不开推理活动。在学生呈现6种拼摆方式后，并不急于让学生计算组合后图形的表面积，而是加入推理环节，让学生的空间观念更进一步发展。

师：我们根据刚才的发现，可以先排除哪几种包装方式？为什么？

生1：四个一排放的方法可以先排除，它们重叠面积太小了。

生2：只有盒的中面小面重叠的方法可以排除，因为大面重叠在一起，表面积最小。

师：现在还剩下这2种摆法，哪种最节约包装纸呢？

生3：肯定是把所有大面重叠在一起的方法，一共重叠了6个大面。

生4：不一定，另一种方法重叠了4个大面和4个中面，还得比一比2个大面和4个中面谁的面积更大一些。

师：同学们的推理有道理，我们最终剩下这两种方法，请你们算一算，我们用数据说话。

探究结论：把所有大面重叠在一起的方法表面积最小，最节省包装纸。

增加推理、辨析的互动，让学生空间思维推进到"形式的演绎"阶段：能尝试用演绎方式证实其猜测。这个环节学生思维的发展不仅是对结论的应用，更是他们空间观念的进一步发展。

三、基于"变式"，在"应用"中拓展"学问"

在课堂的尾声，让学生结合生活中的包装谈一谈自己的看法，建立数学和生活的联系，发展学生的应用意识。结合学情，本节课最后有以下两大"改变"：

（一）改变数据，打破定势思维

师：我们在超市能看见6瓶维他奶是这样包装的，你觉得这种包装方式是最节约包装纸的吗？为什么？

图4 超市维他奶包装方式图

生1：我觉得不是最节约的，肯定是把6个大面重叠在一起才是最节省包装纸的。

生2：我觉得是最节约的，商家都很精明，肯定是哪种方式比较节约成本才会使用的。

师：老师把1瓶维他奶盒的长、宽、高数据给你们，大家算一算。

图5 维他奶两种包装方式图

10大面重叠在一起：重合面积：$10 \times 6 \times 10 = 600 \text{cm}^2$

6个大面和8个中面重叠在一起：重合面积：$6 \times 6 \times 10 + 8 \times 10 \times 4 = 680 \text{cm}^2$

生3：未必每次都是最大面重叠在一起是最节约的，还得计算。

这一改变不仅能够帮助学生建立数学和生活的联系，更能打破定势思维，让认知有更进一步的发展，也培养了数学学科的严谨性。

（二）改变题型，深化空间观念

最后，本节课留下文章最初提到的两道数学题，并附上以下学习要求：

1.根据题目画出草图。

2. 在草图上标记数学信息。

3. 思考数学信息和问题之间的联系。

一般来说，普遍的关于包装的题目，学生们都能根据结论和公式找到最节约的包装方式并得出结论。但在一些灵活性的题目中，学生很难进行知识的迁移。最后"一正一反"的练习题，能够让学生在学完本节课知识后，感受这两题与本节课知识间的联系，并通过数形结合的方式解决问题。

从课程的角度出发，空间观念有三个发展水平：水平 1：（完全）直观想象阶段；水平 2：直观想象与简单分析抽象阶段；水平 3：直观想象与复杂分析阶段。[7]本节课尝试从学情出发，剖析问题背后的成因，并通过操作活动、数形结合和变式应用等方法，旨在让学生的空间观念从表象到想象，从简单分析到复杂分析。

参考文献

[1] 中华人民共和国教育部 . 义务教育数学课程标准（2022 年版）[M]. 北京：人民教育出版社，2022：9.

[2] 曹培英 . 跨越断层，走出误区："数学课程标准"核心词的解读与实践研究 [M]，上海教育出版社，2017.3（2018.12 重印）：35.

[3] 曹培英 . 跨越断层，走出误区："数学课程标准"核心词的解读与实践研究 [M]，上海教育出版社，2017.3（2018.12 重印）：43.

[4] 曹培英 . 跨越断层，走出误区："数学课程标准"核心词的解读与实践研究 [M]，上海教育出版社，2017.3（2018.12 重印）：46.

[5][6] 孙晓天，孔凡哲，刘晓玫 . 空间观念的内容及意义与培养 [J]. 数学教育学报，2002（02）：51.

[6] 孙晓天，孔凡哲，刘晓玫 . 空间观念的内容及意义与培养 [J]. 数学教育学报，2002（02）：50.

[7] 刘晓玫 . 小学生空间观念的发展规律及特点研究 [D]. 东北师范大学，2007.

动态与静态的逻辑关系

深圳市宝安区西湾小学　陈永畅

为什么我在教材处理的视角提出了"动态化"处理策略，但这里却又回到静态来讨论这两者的逻辑关系呢？那么我们先从两者的概念上来看。所谓的动态，在辞海中有三种诠释，即指（事情）变化发展的情况；艺术形象表现出的活动神态；运动变化状态的或从运动变化状态考察的。静态则是相对静止状态，一个不动的状态。从这两者的概念上看，它们都聚焦于事物的变化，静态是事物变化的结果，而动态是事物变化的过程，这就不难看出，这两者是关系紧密的，只有还原了事物变化的过程，才能得到最终的静态结果。而学习本身就应该是动静结合、动静相宜的过程，让学生经历探究的过程，从而收获知识、技能和思想，最后形成了学生的基本素养。因此，讨论这两者的逻辑关系是十分必要的。

首先，从哲学角度看。动态和静态是相互依存的，动态指的是事物在时间上的变化和发展，而静态则是指事物的稳定状态。因此在逻辑上，动态和静态是相互关联的，因为它们共同构成了对事物的全面认识。此外，俗话说静中有动，动中有静，这是两个不可分割的整体，它们的存在是不断交织在一起的，是一个相互"缠绕"的状态，因此动态和静态也是相互转化的辩证关系。回到学习的本质上，我们关键在于培养学生的思维，人类的思维活动中，动态与静态也是相互依存和相互转化的。思维的动态指向的是思考、探究、创造和表达等，思维的静态则指向沉思、反思、反刍和总结等，由此，不难看出动态与静态的辩证关系是能促进学生的思维发展和提升思维品质的。

其次，从时间角度看。在时间维度上，我们知道静态应该只是占有一个时间点，而动态则是一个时间段的延伸，即一条线段。这意味着静态是时间点，动态是由无数的时间点叠加连接的时间段，由此不难看出，这两个必须先有一个个点，才能连成线。此外，静态代表空间，动态代表时间。静态是一种状态，而动态则是一种变化。这与我们当前学习的本质应该是呼应的，我们的学习要体现从一到多、从点到面，也就是说我们需要从一个个静态点到一个动态网的学习过程，这与新课标的学为中心、以生为本的理念是一致的。换个说法，我们要求当前的课堂学习是关注学习过程，而不是仅仅记住学习的结果，那么这也是需要学生在学习中经历动态的过程，从而形成静态的结果。

从空间角度看。如果动态是无限的，那么静态就是有限的；反之，如果动态是有限的，静态则是无限小的。这种关系在上述的时间维度上体现得尤为明显，其实在空间的角度也是非常突出的。例如动态它经过的空间一定是线、面、甚至是体，而静态就是一个表示结果性的点，它的生命性是非常弱的，可见这对于学生学习和思维发展来说，动态是十分重要的，因此它不是孤立存在的，而是一个联系体，是一个无限与有限的关系。

从变化角度看。静态和动态都与变化有关，但它们的变化性质不同。静态是单纯的变化，而动态则是变化的变化，是原有存在内在转换速度的改变。怎么理解呢？个人认为本身都是事物发展的一种方式，而动态是静态的变化进阶，也就是说动态应该是具有生命力的，它能根据不同的场景、情境形成变化，不是一成不变的，这就是动态的魅力。当然变中有不变，万变不离其宗，我们追求的变化一定是建立在知识本质的理解，思想深层的追问和素养的综合发展。

从结构角度看。思维动态结构逻辑和思维静态结构逻辑也是相互关联的。思维动态结构逻辑是指对事物的动态生命周期发展过程进行分析和研究，而思维静态结构逻辑则是指对事物的静态结构进行观察和分析。在具体的应用中，思维动态结构逻辑和思维静态结构逻辑往往是相互交织的。例如，在解决一个具体问题时，我们需要先对问题的静态结构进行分析，了解问题的本质和核心要素。然后，我们需要运用思维动态结构逻辑，对问题的动态发展过程进行分析，了解问题的发展趋势和未来变化。

综上所述，动态和静态在逻辑上相互关联，也是相互交织的，它们是一对辩证统一体，也是一对联系体，更是一对相辅相成的结合体。

动态与思维的联通关系

深圳市宝安区西湾小学　陈永畅

动态，它是一个变化、灵动的过程，具有发展性、持续性、规律性和互动性的基本特征；思维，它是指人类对客观事物的理性认识和思考过程，是通过分析、比较、综合、抽象、概括等认知活动，来理解事物的本质、规律和关系，从而形成概念、判断和推理的过程。

在思维发展的过程中，人们逐渐从简单、静态的思维方式向复杂、动态的思维方式转变。这种转变有助于人们更好地理解和应对不断变化的环境和挑战，更适应社会的发展，从而实现创新创造。

一、从动态与思维联通的多个角度分析

信息处理与决策制定：动态的过程和思维的决策制定有一定的关联。在动态决策过程中，人们需要考虑各种可能的方案，预测它们可能产生的结果，并基于这些预测选择最优的行动方案。这种决策过程需要运用思维，尤其是批判性思维和创造性思维。

知识积累与创新：动态的过程可以促进知识的积累和创新。通过观察和分析动态过程中的规律和趋势，人们可以获得新的洞见和知识。这些洞见可以激发创造性思维，推动创新和创造。

情感与认知：动态的过程可以影响人们的情感和认知。例如，积极的动态过程可以激发积极的情感和乐观态度，而消极的动态过程可能导致消极情感和悲观态度。这种情感和认知的变化反过来也会影响人们的思维方式和决策过程。

社会互动与合作：动态的过程涉及到人们之间的互动和合作。通过有效的沟通和协作，人们可以共同解决问题、制定策略和实现目标。这种社会互动和合作需要运用思维技能，包括批判性思维、创造性思维和情感智慧等。

二、从动态与思维方式分析

创新思维：它是一种寻求新颖独特、富有创意的解决方案的思维方式。动态思考也鼓励人们勇于尝试新的想法和方法，不拘泥于传统的思维方式。这种创新性和探索精神有助于激发人们的创造力和想象力，推动个人和组织的发展和进步，这就是动态与思维间的必然产物。

批判性思维：它强调独立思考和判断，不盲目接受他人的观点，通过分析和比较不同的观点来做出明智的决策。这一过程就是变化的，随着事物发展而变化的，因此这一重要的思维方式是需要动态的思考过程来支持的。

系统思维：它是一种将事物视为相互关联、相互作用的整体思维方式。它强调从整体的角度看待问题，分析各个组成部分之间的关系，以找到最优的解决方案。动态才能观全局，动态才能回到本质看内涵，动态才能以"网状"推进关联。

敏捷思维：它强调在不确定的环境中快速做出决策，并根据实际情况不断调整和改进计划，以应对各种变化和挑战。这是需要一个动态情境驱动的，根据相应的场景，给出对应的决策，体现出思维本质的敏捷性和灵动性。

反思思维：它是一种对自己的深入思考和审视的思维方式。它鼓励人们对自己的想法和行为进行批判性分析，以发现自己的盲点和不足之处，进而提高自己的思考和行为能力。动态变化的过程具有一定的规律性，这种规律性可能表现为周期性、趋势性等形式，而反思则能更好地将思维和动态融合，让其相得益彰。

这些思维方式与动态思维有很多相似之处，它们都强调灵活性和适应性，以应对不断变化的环境和挑战。在实际应用中，可以根据具体情况选择合适的思维方式来解决问题，并侧重在反思性、批评性的独立视角上思考问题、分析问题和解决问题。

三、从动态与动态思维的视角分析

动态思维是一种思维方式，它强调以动态的方式看待问题和思考过程，注重事物的变化、发展、互动和创造。在思维发展方面，动态思维具有如下特性：

灵活性和适应性：动态思维强调不断调整和改变思考方式和思路，以适应环境和情况的变化。这种思维方式能够帮助人们更好地应对不断变化的环境和挑战，提高解决问题的灵活性和适应性。

创造性和创新性：动态思维鼓励人们勇于尝试新的想法和方法，不拘泥于传统的思维方式。这种思维方式有助于激发创造力和创新力，推动个人和组织的发展和进步。

系统性和整体性：动态思维注重事物的整体性和系统性，它强调从全局和整体的角度思考问题。这种思维方式有助于人们更好地理解和分析事物的内在结构和关系，提高思考和决策的全面性和准确性。

预见性和前瞻性：动态思维关注未来的变化趋势和可能性，它鼓励人们进行预测和规划。这种思维方式有助于人们更好地把握机遇和应对挑战，为未来的发展做好准备。

动态思维在思维发展中具有重要的促进作用。通过培养动态思维，人们可以提高灵活性和适应性，激发创造力和创新力，增强系统性和整体性思考能力，提高预见性和前瞻性能力，并保持持续学习和进步的态度。这些方面的进步和发展有助于个人和组织在不断变化的环境中获得更好的竞争优势和发展机会。

综上所述，动态与思维之间存在密切的联系。通过理解这些联系，人们可以更好地理解动态过程的本质，并运用思维技能来应对各种挑战和问题。

动态是对教材"质"的内涵阐释

深圳市宝安区西湾小学 陈永畅

教材的使用该如何达到高效、高质目标？这将非常考验我们教师二次开发教材的能力，因此如果要提高教材解读的能力，必须围绕核心内容，即抓住本质，而动态化便是比较好的手段之一。

动态化，指向的是教材解读的内核。将教材内容从静态转向动态，也就是带领学生经历了知识产生的全过程，激活了学生参与和主动探究的热情，且动态化强调了教材内容的流动性、灵活性和适应性。这些需要我们将教材内容进行结构化、深度化和交互化的处理，这也是新课标的基本要求，更是培养具有关键能力的时代新人的需求。在动态视角下，教材不再是一个静态的、封闭的文本，而是一个与时俱进、不断发展的资源。这是课堂效率提升的首要条件，因此动态化指向的就是教材的核心。

动态化，指向的是教材解读的关键。动态化处理教学内容能够适应不同学生的学习风格和需求。例如可以通过多媒体、互动练习、案例研究等多种方式呈现知识，满足了学生的多样化学习需求。这些都是教材二次开发的关键，把学生放在首位，从而打造适合学生学习的素材。因此，动态化处理教学内容不仅仅是教师传授知识的工具，更是学生探索知识、发展能力的平台。它鼓励学生积极参与、主动思考，并与教师进行互动，从而实现知识的有效传递和能力的提升，这就是学生素养提升的关键。

动态化，指向的是教材解读的根本。我们团队从情境创设动态化、教学组织动态化、活动设计动态化三个方面切入，打造"动态"课堂，这就是教材内容的"变现"，即教学的实施。利用动态化的手段突出知识产生过程和形成结果，从而真正促进了学生的知识链接和体系建构，即使学生的学习过程动态化、思维发展动态化、知识链接动态化，营造一个深度学习的场景，进而促进高阶思维品质的提升。这就是教材解读的根本，指向的是我们高品质的课堂的基础，也是我们教学实施的最终的追求。

显而易见动态是对教材"质"的内涵解读，它回归到本质上审视教材内容、教学内容。动态呈现教材内容，就是一种"变化"，即不是一成不变的，它会随着教育理论和实践的发展而不断更新和完善，这种持续的改进过程确保了教材的质量和适应性。当然变中有不变，万变不离其宗，我们追求的变化一定是建立在知识本质的理解，思想深层的追问和素养的综合发展基础上的，这就是"动态化"与教材的关系。

动态是对教师"教"的内涵阐释

深圳市宝安区西湾小学 陈永畅

经过几轮课程改革后，一线教师对教与学的理解都呈现了"时左时右"的情况，但是在 2022 版的课程方案和义务教育课程标准里都更强调教与学的平衡，即教应该肩负该有的责任，学也要有主体地位的体现。那么学为中心，首先应该是教的设计，即学习任务的设计，也就是说教就成了学的前提条件。因此在课堂教学中，教是必不可少的，它是促进高质量学的落地，也是实现教与学平衡的手段，那么如何实现呢？笔者觉得"动态化"是达成这一目的的手段之一。

动态的教促进深度的学。深度学习已经不是什么新鲜词，但是要真正地实现并非易事，因为毕竟老师主讲的教学方式始终是最容易的、也是最便于操作与课堂管理的，但是这样的方式却不能激活学生的参与，而借助动态化手段进行教学，就能让学生的思路动起来、思考动起来、思维动起来，促进学生的深入思考。例如通过动态提出具有启发性的问题、引导学生进行探究式学习等方式，可以帮助学生深入思考问题的本质和内在联系，从而促进他们的深度学习。深度学习包括学习的投入程度、思维层次和认知体验等诸多层面，它是一种以高阶思维为主要认知活动的高投入学习，需要学习者不断探索和思考，理解知识的本质和对学习内容的批判性使用，以达成学习迁移和解决真实问题的目标。而动态化就提供了这样的场景，有利于学生通过这样的媒介提高思维品质和思考层次。

动态的教促进交互的学。动态的教学过程往往更加注重学生的参与和互动。通过小组讨论、角色扮演、实践操作等方式，可以让学生更加积极地参与到学习过程中来，从而提高他们的学习效果。此外，动态教学不仅实现了实时互动和交流，即教师可以通过问答、讨论、反馈等方式，及时与学生进行沟通和交流，了解他们的学习进展、困惑和需求。这种实时的互动不仅有助于教师及时调整教学策略，也能让学生感受到教师的关注和支持，增强他们的学习动力。课堂的主人不仅有教师，还有学生，他们是双主体关系，相互作用、相互辅助，彼此影响和促进，这样的学习是高质量、高层次的。因此当学习有了学生的参与，课堂才有了生命，学生才有了神韵，教师才有了活力。

动态的教促进开放的学。开放的课堂强调了教学过程中的互动性和灵活性，动态化也增强了学习的互动性和灵活性。因此动态的教学，其一能促进培养开放的思维。鼓励学生从不同的角度和层次去理解和解决问题，在这样的教学环境中，学生不再是被动的接受者，而是主动的探索者和思考者；其二能鼓励学生开展自主学习。动态教学注重学生的参与和互动，这有助于激发学生的学习兴趣和动力，在这样的教学环境中，学生有更多的机会去自主选择学习内容和学习方式，从而培养他们的自主学习能力；其三能建立开放的学习环境。动态教学强调师生之间的平等和尊重，鼓励学生发表自己的观点和想法，在这样的教学环境中，学生感到被接纳和尊重，他们更愿意表达自己的看法，更愿意与他人交流和合作。

综上所述，动态教学可以提高教学效果、增强互动性、提高教师的专业技能、适应不同学生的学习需求以及激发教师的教学热情。因此，在教学过程中，教师应该积极采用动态的教学方式，以提高教学质量并增强学生的学习效果。

动态是对学生"学"的内涵阐释

深圳市宝安区西湾小学　陈永畅

"学为中心""以学定教"这些已经是我们当前小学数学课程改革的热词、潮流和重点。那么如何才能达成这个目标呢？又如何在日常的教学中颠覆传统的教学方式？真正把"学"放在教育教学的核心位置，借助一些手段实现"学"的深度化、进阶化和常态化。动态学习能激活学生的主动性，强化学生的自觉参与，这才是"学习"，才是学生立场的"学习"。因此动态学习对学生的"学"的内涵阐释体现如下特征：

主动性与互动性：动态学习强调学生学习的主动性。学生不再是被动地接受知识，而是主动地参与学习，与教师、同学、家长和学习内容进行互动。他们提出问题、发表观点、开展讨论、进行思辨，通过与他人交流、互动、启发，深化对知识的理解和应用，让学习变得更具有生命力和延展度。

探索性与创新性：动态学习鼓励学生进行探索和创新。动态的学习环境，给学生提供了更多自主、个性化的学习场景，那么学生就有机会尝试不同的方法去解决不同的问题，从而培养他们的创新思维和解决问题的能力。要适应当前社会的发展，我们的学习就不能满足于简单的答案，而要追求更深入的理解和更广泛的应用。

适应性与灵活性：动态学习要求学生具备适应性和灵活性。随着学习内容的深入和拓展，学生需要不断调整自己的学习策略和方法，以适应新的学习需求和挑战。而动态就是一种变化，有了变化才能有适应性、灵活性和前瞻性，由此他们才能够适应不同的学习环境和学习方式，灵活应对各种学习任务。

反思性与批判性：动态学习更能指向反思和批判。反思性思维和批判性精神是学生核心素养中非常重要的组成，因此他们不仅要学习知识，还要思考知识的来源、意义和价值。只有对自己的学习过程和结果进行反思，才能发现自己的不足和改进的方向；对学习内容进行批判，评估其真实性和可信度，才能全面地提升学生的核心素养。

综上所述，动态是对学生"学"的内涵阐释，它强调学生的主动性、探索性、适应性和反思性。在动态的学习过程中，学生不再是知识的被动接受者，而是知识的主动建构者和创新者。这种动态的学习方式有助于培养学生的自主学习能力、创新能力和终身学习的习惯，更是指向学习的本质。

把握教材解读的视角撬动"思维"发展

深圳市宝安区西湾小学 陈永畅

思维是当前新课改的一个热词，语文、英语和科学等学科都将其作为学科核心素养的表现之一，教材是素养落地的媒介，如何用好教材？我们从情境创设动态化、教学组织动态化、活动设计动态化三个方面切入，打造"动态"课堂。因此我们立足多元的教材解读视角，让教学动态化、深度化和交互化，从而真正地促进学生思维的发展。

——题记

当前，小学数学领域的研究成果已经越来越趋向多元，有些聚焦学习路径研究，有些从心理学视角审视教学内涵，有些基于学生主体开发教学活动等。但无论哪个视角，我们终究无法脱离与学生建立关联的教材。真正地读懂教材，挖掘教材背后的价值，将教材转化成学习资源和探究素材，这已经是我们这一时代急需解决的问题。要培育适合新时代发展的人才，必须实施精准"教学"，师生间的教学活动不能单纯以"教"的视角，也不能以"学"的视角，而应以"学习"的视角出发，也就是说教师需要开发具有思维品质的探究素材或活动，学生则需要学会自主学习，从而使学习能力得以持续发展和高质量提升。教材作为师生对话的链接体，将要肩负更为艰巨的重任，因此多一个审读教材的视角，也将给我们的精准"教学"带来更多可能，并会促成学生的多元思维发展。

视角一：关注整体关联，培育结构化思维

为什么《义务教育数学课程标准（2022版）》（以下简称新课标）特别强调结构化呢？笔者觉得有如下几个缘由：其一，教师的教学过程对知识间的联系不够清晰，未能给学生搭建一个完整的知识体系，每个知识点都当成"新"的来教；其二，学生的学习是孤立的、单点的，未深入理解知识本

质间的联系，造成学生的知识建构是点状而非网状的；其三，是人才培养需求。新时代更需要具有整体观念、高阶思维和解决问题的接班人，而结构化思维则是最基础的。因此帮助学生树立整体意识和培育结构化思维已是势在必行，这才是真正的以人为本，真正实现教与学的辩证统一。

如北师大版五年级小数除法单元，课时分布如图1，教材前两个课时安排的是除数是整数的小数除法，第三课时才学习除数是小数的小数除法。不难发现编者的编排意图就是要将除数是整数的小数除法作为本单元的种子课，利用它转化思想，将其变成已学知识进行探究，这就是新课标强调的运算的一致性了。其实，这样可能还不够，我们要从除法的本质上去帮助学生理解。其一，除法是均分的视角来建构的，强调总量与分量的关系；其二，除法是从包含关系的视角来建构的，也就是一个数中包含有几个另一个数。无论从哪个视角，都可从计数单位中找到他们的本质，即整数除法体现的是百、十、一这样的计数单位的均分过程，而小数除法实际上是它的拓展，也就是在计数单位"一"的基础上再细化均分，再细分到十分之一、百分之一等这样更小的计数单位，但在运算的算理上是始终保持一致的，都是计数单位的再细分。此外，从本单元的内容上看，同样也是一个整体，课时分布是递进式的，下一个课时教学都需要链接上一课时内容，实现知识迁移与运用。除数是小数时要将其转化为整数后再计算，其实就是将其转化为第一、二课时学习的内容，使解决问题有媒介，并形成一个学习整体，也让学生对知识网络和框架有了一个新的认识。因此，这一单元内容的学习我们需要唤醒学生学习整数除法的经验，从数运算一致性的视角帮助学生建构一个知识体系，这样的"教"才能真正地促进学生的"学"，实现教与学的和谐、融合和高效。

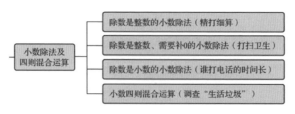

图1 小数除法单元课时示意图

培养学生的结构化思维才能促进学生整体观念的形成。因此在教与学的活动设计中，我们有必要从整体去思考，帮助学生建立一个联系体，这样才能培养其综合解决问题的能力。

视角二：聚焦知识本位，塑造迁移型思维

新课程提出了"四基"，即基础知识、基本技能、基本思想和基本活动经验，这里把知识放在首位，可见知识应该是非常重要的，它是其他三个"基"的重要支持，只有扎实的基础知识才能掌握技巧、领悟思想和积累经验。虽说知识是首位的，但也不仅仅只是教知识，也要变换为学生学知识，也就是要激活学生学习的自主性，学知识、用知识和悟知识。因此作为教师，我们需要帮助学生挖掘知识的本质，学会举一反三、融会贯通，从而回归到知识本位上学习知识，领悟知识背后的内涵，建构迁移型思考品质。

如北师大版二年级上册"倍的认识"一课，学生在学习过程中往往会遇到如下问题：对倍的概念理解存在困难，对于倍是表示量与量的数量关系这一本质理解不透彻，涉及多个量的比较时表述上存在一些错误。基于以上问题的分析，我们不难发现所有问题都是学生对概念的理解不透彻造成的。因此，我们在教学中从"比较"的本质切入，抓住"标准量"这个"倍"的核心，通过理解一个数中包含有几个"1份数"这个除法本质，建构"倍"的概念。这里我们做出了几点改变：

其一，在导入部分，我们将教材主题情境中的多个量进行比较，并动态化处理成两个量的比较（如图2），先从激活学生的经验入手，从"差比"过渡到"倍比"，聚焦猴子和鸭子的数量关系。此外，为深化学生对"倍"的认识，再引入第三个量——"小鸟"，这个量与猴子和鸭子的数量关系为什么是不一样的？数量关系会受到哪些因素影响呢？此时"1份数"是变化的，"倍"也因它的变化而变化，让学生深刻地体验到倍的本质，理解倍的意义。

图2 动态化处理教材情境的示意图

其二，练习设计上我们也做了强化，如请你画出圆形数量是三角形数量的 3 倍。如果有 8 朵黄花，5 朵红花，需要增加多少朵黄花，黄花数量才是红花数量的 2 倍？或减少多少朵红花，黄花数量才是红花数量的 2 倍？给学生一个长的长方形纸带和短的长方形纸带，没有相应的刻度，你能猜一猜他们是什么关系吗？这些练习的设计都是基于"倍"的本质，都是聚焦于比较"1 份数"和"几份数"的数量关系，但是这时"1 份数"都是在变化的，学生便能真正地理解了"倍"的内涵，从而培养了知识的迁移和思考能力。

抓住了知识本质，才能抓住了根，才能让学生学会举一反三、融会贯通。通过追溯知识的本源、挖掘知识的内涵，建构学生知识网络，培养了学生基于全局的思维方式，为他们解决问题提供了一个良好的思考习惯，这也符合当前人才培养的要求。

视角三：把握学情分析，孵化审辨式思维

学情分析是我们教学设计的基础工作，也是教师的基本技能。但我们大部分老师习惯了站在"教"的视角来研究教材和设计学习任务，忽略了不同学生可能有不同的认知基础、学习能力和思考方式，所以学生就只会沿着教师的教学思路被动学习，从而缺乏反思能力和审辨性思维，渐渐地养成了思维惰性和不爱思考的习惯。为了激活学生的学习积极性和增加学生参与度，基于学情构建教学是尤为重要的，只有适合学生的、能激活学生学习经验和思考的才是真正指向学生素养培养，才是关注学生的思维发展的。

如北师大版四年级下册"三角形内角和"一课，我们日常在教学中常常会遇到这样的问题：从课的一开始就已经有很多孩子都知道了三角形内角和为 180 度这一结论，因此在探究过程中就很难出现一些具有思辨性的问题。学生习惯了从结论反观过程，从而使得探究过程流于形式。那么面对这样的学情，我们该如何把握呢？学生已经知道了结论我们还要教什么呢？我们又该怎么教呢？其实从教材的课题"探索与发现：三角形内角和"本身我们也能看到编者意图，我们的侧重点应该放在学生能掌握多少种推理的方法，也就是其探究的过程，而不是最终的结论。

有了这样的学情基础，我们的教学活动要怎么设计呢？在课中我们做到三个避免，在导入阶段，避免直接问三角形内角和是多少度；在探究阶段，即使有学生提出了这一结论，我们避免直接评价；在操作阶段，我们只量不算，避免学生根据结论"凑"180度。由此，在教学过程中，我们首先是让学生先测量，让学生把自己的测量结果填到大屏的电子表格中，这个表格设置了自动求和的功能，当学生测量完三个角填入后就会自动求和，这时每个小组的测量结果可能都会有所不同，在讨论中引出测量误差，从而顺势导出其他的验证方法，可以撕下来拼成一个平角，可以将三个内角"折"拼成一个平角，还可以找到两个相同的直角三角形拼成一个长方形，无论哪种方法都是在践行转化思想，都是在引领学生采用审辨式思维看问题、想问题，知道了答案并不是最重要的，重要的是我们学会了解决问题、验证结论的方法和思想，养成了良好的学习和思考习惯。

把握学情结果分析，采用诊断性解决问题的思路，设计具有思辨性的学习任务与活动，让学生能根据自己的学习基础去探究、思考，从而真正地培养具有独立思想、善于思考的学习者。

视角四：回归学习视角，建构全面性思维

新课标不再单纯从教或学的视角来阐述学习，而是从"学习"视角来丰富数学学习的内涵，包括人脑结构对学习的影响、学生学习方式的变革、知识的建构等，其本质还是要激发学生的自主能动性，想学习、会学习、能学习。因此我们的教学过程和学习过程则需要在"学习"上做研究，开发适合学生学习的素材、任务和活动等，让学生能有个性化发展、全面性长进。不妨让我们的数学的学习也走上回归的路上，帮助学生建构完整、全面的学习体系，发展全面性思维。

北师大版三年级上册"文具店—小数初步认识"一课，学生在学习完本课后还普遍存在着以下几个问题：其一，学生不清楚为什么要学习小数；其二，小数和整数间究竟存在什么样的关系；其三，将小数和教材的生活模型元、角、分混为一谈。为什么会存在这样的问题呢？从教材上来看，北师大

版教材在此处通篇只采用一个生活模型元角分，所以学生就容易把小数和元角分当成一回事；另外教师在教学上没有数的一致性教学的理念，对小数的教学都是与整数割裂的，并未让学生有小数是在单位"1"的拆分中产生的感受。为了打通整数和小数间的隔断墙，并让学生理解小数的概念与本质，我们在教学中做了一些调整，通过整数引出小数，首先创设了一个"猜一猜"的活动。一本笔记本的价格在3元到7元间，那么它可能是多少元呢？然后再缩小范围，如果是介于3元到5元间呢？最后如果是介于3元和4元间呢？当学生在数轴上不断地缩小范围，当看到了单位"1"不能再细分时，小数就产生了。这一过程就让学生在数轴上"看见"小数是在单位"1"的拆分中得出（如图3），更重要的是让学生真正地理解整数是小数学习的基础，两者存在着密切的关系，回归到计数单位这一本质上认识和理解数的概念。当我们在比较人教版和苏教版教材时发现，这两个版本的教材在认识小数时都借助了多元的生活模型来抽象出数学模型，因此为了解决学生把小数和元角分混为一谈的问题，我们在习题设计时引入了测量、购物、测温等场景，让学生把小数提高到数学模型的视角来建构，这就是学习的视角，就是学生全面性思维培养的过程。

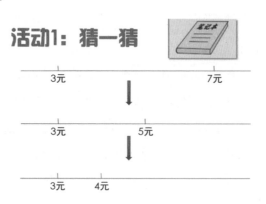

图3 小数初步认识导入环节示意图

学习视角是教与学的平衡，只有教师充分理解"教"才能设计出高质量且有助于学生"学"的任务与活动，这样的学习过程才能培养学生的关键能力和提升综合素养，才是思维发展的重要的媒介。

作为一名教师，解读教材本应是最为基本的技能，但是如果我们只流于形式、基于表层挖掘教材，就不能为学生打造适切的学习活动，因此，不妨多几个视角审视教材、研究教材，不仅打开了我们师者的备课视野，更重要的是发展了学生的思维。

"动态化"的路径把握

动态化的路径从情境创设动态化、教学组织动态化、活动设计动态化三个方面切入，从而打造动态课堂、动态教学，利用动态化的手段突出知识产生过程和形成结果，从而真正地促进了学生的知识链接和体系建构，使得学生的学习过程动态化、思维发展动态化、知识链接动态化，营造一个深度学习的场景，进而促进高阶思维品质的提升。动态化能还原情境创设的真实性和思考性，优化教学组织的过程性和思维性，突出活动设计的探究性和灵动性。从而提升学生的学习品质、问题解决的能力和思考能力。

情境呈现：问题驱动学习

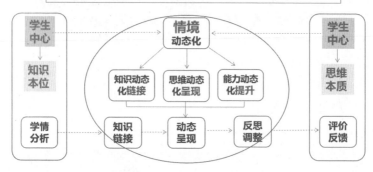

小学数学教材内容动态化呈现流程图（一）

　　动态呈现教材情境，能让知识思辨产生高质效果。情境的动态化能实现知识动态化链接、思维动态化呈现和能力动态化提升，以学生为中心，突出知识本位和思维本质，聚焦问题引领，通过内容重组等策略，实现唤醒经验、摒弃干扰、引发思考的目的。将静态的教材内容转化为动态、生动的场景或情境，激发学生的学习兴趣和积极性，帮助他们更好地理解和掌握知识。

案例 1：动态赋能，凸显知识结构化呈现

——"乘法分配律"一课教学实践

深圳市宝安区西湾小学　陈永畅

【课例背景】

2022 版课标多次强调了"结构化"和"一致性"，明确提出在探索并理解运算律时，要通过实际问题和具体计算，引导学生用归纳的方法探索运算律、用字母表示运算律，感知运算律是确定算理和算法的重要依据，形成初步的代数思维。由此可见，乘法分配律一课的学习要借助"计算"看本质，从而打通乘法意义与乘法分配律间的壁垒。虽然在四年级才引入乘法分配律，但实际上在二年级乘法口诀、三年级两位数乘一位数或多位数等知识的学习过程中，都在使用乘法分配律。那么当前本课学习，我们就不能仅停留在教"分配律"本身，而是要帮助学生学会关照、联系和发散，让学生用"结构化"的思维思考问题、审视问题。

因此，我们将教学内容中的问题情境动态化呈现，具有指向性地一步步动态化每个细节，让学生的关注点落在"几个几"上，也就是通过乘法意义链接乘法分配律。乘法分配律与乘法意义的链接，实际上就是知识结构化的体现，也是将数学知识一体化的过程，从原有的散点到网状的面的聚合，形成了一个不可分割的整体，让学生基于乘法的意义来读懂乘法分配律的本质，从而实现了学生学习效率的提升、思维结构化的形成和本体知识的关联性突破。

【学习目标】

1.经历乘法分配律的探索过程，发现乘法分配律与乘法意义间的内在联系，培养学生的整体性和结构化思维，从而提升学生的运算能力。

2. 会用字母表示乘法分配律，进一步培养学生发现问题和提出问题的能力，积累合情推理的数学活动经验。

3. 能运用乘法分配律解决实际问题，对一些算式能进行简便运算，体会算法多元化，并从中发展数感。

【学习活动】

活动一：动态呈现情境，关联"结构认识"

谈话引入，营造老师新房装修中厨房需要贴瓷砖的情境，并相继动态呈现主题图中的图例（如下图）。

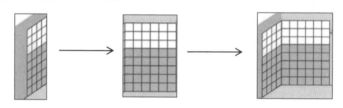

师：（出示第一个图）这里需要多少块瓷砖，你会列式计算吗？

生 1：4×8=32（块）。（学生一边数一边说）

生 2：8×4=32（块）。

师：也就是 4 个 8 那么多，是吧。老师现在将你们发现的算式记下来（在黑板上板书：8×4）。

师：那现在这个呢？一共有多少块瓷砖（出示第二个图）

生：8×6=48（块）。（学生一边数一边说）

师：那也就是 6 个 8 那么多，对吧。（板书：8×6）

师：请仔细看（把刚才的两幅图合并出现，并展开变成一个平面），现在一共是多少块？

生 1：8×10=80（块）。

师：这个 10 是怎么来的呢？

生 1：4+6=10。

师：现在你们还发现了什么特征？

生 1：8×4=32，8×6=48，32+48=80。

生 2：$8 \times 4 + 8 \times 6 = 8 \times 10$。

生 3：$8 \times 4 + 8 \times 6 = 8 \times（4+6）$。

师：是的，孩子们都发现了这里面的奥秘，同一个图，虽然我们用的方法不一样，但是结果却一样。[在黑板上擦除多余的，只留下 $8 \times 4 + 8 \times 6 = 8 \times$（4+6）] 即 4 个 8 加上 6 个 8 就是 10 个 8。

师：我们再仔细观察一下，图中瓷砖的颜色也是不同的，你们能根据颜色的不同尝试列出像上面的式子吗？

生 1：$3 \times 10 = 30$，$5 \times 10 = 50$，$30 + 50 = 80$。

生 2：$3 \times 10 + 5 \times 10 =（3+5）\times 10$

师：大家看来都能触类旁通，那也就是说 3 个 10 加上 5 个 10 等于 8 个 10。（将式子板书在上一个式子的下面）

师：现在我们再一起把这两个算式仔细看看，它们有什么特征？

生 1：其实它们跟我们二年级学的乘法意义是一样的，都是求"几个几"是多少。

生 2：这两个式子中都是乘一个相同的数。

生 3：而且另外两个数还是加起来。

师：看来大家都看明白了，确实如大家说的，这两个式子中左边是"分开"相乘的，右边则是"合起来"相乘的。像这样的关系，在乘法中我们把它称为"乘法分配律"。

【设计意图】通过动态呈现问题情境，让学生从乘法意义出发发现式子的特征和规律，发现两者间的关系，从而打通了知识间的隔断墙，让学生的关注点落在分配律的本质上，落在研究这个等式中关系的链接上。学生能从整体的视角发现问题、提出问题，从而培养了学生的结构化思维和学习习惯。

活动二：动态生成结构，深化"结构理解"

通过两次对乘法分配律这一结构的初步认识，学生已经有了基础，但对其本质内涵还存在一定的困惑，如何让每个孩子都能理解呢？这里我们设计了学生自己写出类似结构的算式，再辨析和理解结构的本质。

师：孩子们，你们刚刚根据这个图写出了两组不同的算式，那你们还能仿照它们也写一写这样的算式吗？

学生自己动手操作，模仿写出具有乘法分配律结构的算式。老师巡堂并发现相关作品。

师：刚刚我发现很多同学都已经写完了，现在老师把这些算式都写在黑板上。（老师板书多个算式并带领学生辨析）这些算式都可以写上来吗？

生1：$3 \times 4 + 4 \times 6 = (3+4) \times 6$ 不行，它是指 3 个 4 加上 6 个 4，应该是 9 个 4。

师：看来我们在写这些算式的时候，一定要注意看看究竟是"几个几"对吧？

师：那么你们看黑板上已经写了这么多的算式了，再写就写不下了，你们想一想，我们能不能用一个算式把黑板上和你们学习单上的算式概括起来呢？

学生交流讨论，根据用字母表示长方形等周长和面积计算公式的学习经验会想到用字母来表示。

生1：$a \times c + b \times c = (a+b) \times c$

生2：$a \times b + c \times b = (a+c) \times b$

师：是的，我们可以用类似 $a \times c + b \times c = (a+b) \times c$ 这样的算式来概括乘法分配律。（组织学生说一说它表示的意思）。

【设计意图】这里，引导学生观察算式的特征，从多个算式到一个算式，又从一个算式到多个算式，让学生对乘法分配律，由"分"到"合"，再从"合"到"分"有了深刻的认识，对其内涵也有了更为深刻的理解，当学生从结构的表象走进结构的本质时，就不再浮于表面，这样的学习才是深度的。而这个过程是一步步动态生成的，不是一蹴而就的，学生的思维碰撞也是动态生成的，学生在相互对话中辨析、修正，对乘法分配律的"分"与"合"有了全新的认识。

活动三：动态链接旧知，拓展"结构应用"

乘法分配律是"新"知识吗？这样的疑问可能不仅老师存在，学生也有，确实在二年级、三年级我们都在不知不觉地使用乘法分配律，只是没有给它一个定义，那么我们需要将其与二年级、三年级内容进行关联，形成结构化的学习体系。

师：乘法分配律是我们今天才学习的新知识吗？（学生疑惑）那我们一起来看看这些内容，是不是似曾相识？（出示下图）

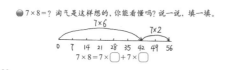

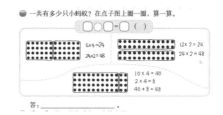

80

师：你能选择一幅图解释一下吗？

生1：8个7可以看成是6个7和2个7的和。

生2：12×4=（10+2）×4

师：这样的例子还有吗？

生1：我们在学习两位数乘两位数时也用了分配律，例如24×12=24×（10+2）。

生2：……

师：看来乘法分配律并不是我们今天学习的新内容，还有像在乘法的竖式计算中也有分配律的"影子"，因此我们要用整体的眼光看问题。

【设计意图】很多老师可能会觉得这样的回顾没有必要，但是我们觉得这样的连接是非常重要的，因为学生不一定能有这样的思维方式，也不一定有这样的学习习惯，而我们老师就必须在关键处给予支持和帮助，这就是适时的点拨，能让学生恍然大悟且印象深刻。此外，这样的处理让学生能站在整体看小学数学学习，那么在以后的学习中就会不断养成"回头看"的习惯，这将为学生个人发展奠定良好的基础。

活动四：动态拓展应用，升华"结构价值"

为什么要学习乘法分配律呢？其中一个非常重要的目的就是实现简便运算，但是在前面的学习中，我们还没有真正渗透简便运算的内容，那么在这个环节我们就增加了这样的练习题，让学生能真正明白运算律的重要作用，这也是新课标学业质量标准的要求。

师：孩子们，你们知道为什么要学习乘法分配律吗？它有什么作用呢？

生：能使我们的计算更简便。

师：那我们再来看看这些题目，看看你们能不能用刚学的方法来处理。（出示题目）

（1）176×14+24×14　　（2）（80+8）×125

学生独立完成后汇报。

生1：我们发现了176和24能凑整，所以是先"合"起来再乘。

生2：我们发现了125乘8或80都能凑整，所以先"分"再"合"。

师：是的，开始我们都在研究比较简单的数，但是实际上乘法分配律在我们日常的运算中，还能解决这些比较复杂的数的计算问题，这就是它的作用。

【设计意图】为什么会想到在这里还要增加一些比较复杂的"数"的运算练习呢？其实大家可能也清楚了我们2022版课标增加了学业质量标准，也就是说，会"做题"也是数学教育的一部分，那么我们如果在这里给予学生一些相关练习的训练和提示，学生对乘法分配律在较为复杂运算中的运用就有了很清晰的认识，这也是学业要求，更是学生素养的组成部分。

课例2：聚焦比较本质，动态链接知识结构

——"倍的认识"一课教学实践

广东省深圳市宝安区西湾小学　陈永畅　廖莹莹

【课例背景】

"倍的认识"是北师大版二年级上册第七单元内容。之前，学生已经学习了整数乘法、乘法口诀等内容，这里从整数除法的视角引导学生认识"倍"这一概念，通过认识一个数包含有几个另一个数的关系，初步建立了对数量关系的理解。即从乘法角度是几个几的关系，从除法角度则是包含除的关系，但是无论是哪种角度，我们不难发现，倍这一数量关系首先都是聚焦在两个量的比较，即把其中一个数看成了1份数，再看另一个数中包含了几个这样的1份数。基于以上的理解，本课该如何深化学生对倍的概念的理解，回归到"比较"的本质上去认识、理解倍呢？

教材主题情境中出现了非常多的量，这将会给学生对量的比较带来不必要的干扰，因此我们将教材内容做了动态化处理（如下图），首先就是把主题情境聚焦在两个量的比较上，即比较猴子数量和鸭子数量的关系，而且我们为了让学生建立起一个结构化的知识体系，先从激活学生的经验入手，实现从"差比"到"倍比"过渡。接下来，为深化学生对"倍"的认识，我们又引入第三个量"小鸟"，这个量与猴子和鸭子的数量关系为什么是不一样的？数量关系会受到哪些因素影响呢？在练习中，为了帮助学生建立一个结构化知识网络，形成高阶思维，采用了动态化呈现的方式，如画一画圆形是三角形3倍的数量关系图，通过猜一猜两个长方形和两条线段的倍数关系等，都指向了学生思维动态形成与发展。基于此，学生的创新思维发展有抓手、重过程，从而促进学生会迁移，能思考。

【学习目标】

1. 经历比较小动物数量关系的过程，深刻理解并体会"倍"的意义，进一步理解除法的意义；

2. 会用直观图形和除法算式表示两个数量之间的倍数关系；

3. 培养学生初步观察、分析能力，发展数学应用意识和解决问题的能力。

【学习活动】

活动一：借助差比引倍比，挖掘倍的本义

展示主题图并引导学生发现其中的数学信息（在屏幕上动态化展示小猴在河边开心玩耍的情景）

师：同学们，秋天到了，小动物们去到河边游玩。瞧，树上有几只小猴?

生一起说：3 只。（学生说完贴）

师：你们觉得小猴多还是少?

学生有的说多，有的说少。

师：说多说少都有，其实呀，这里没有比较，就无法确定! 来，仔细看!（课件出示 3 只小鸭）现在呢?

生 1：一样多。

师：现在呢?（课件继续出示小鸭）

生 2：小鸭比小猴多 1 只。

师：来，看! 现在呢?

生 3：小鸭比小猴多 3 只。

师：这是我们学过的比多少，你还能找到不一样的关系吗?

生 4：小鸭只数是小猴的 2 倍。

师：你还发现了"倍"的关系，真厉害！他刚刚提到一个词"倍"，这个词很有意思，今天这节课我们就来好好认识"倍"。（板书）

【设计意图】把原来情境图中多余的干扰因素去除后，方便学生聚焦于两个量的比较，也就回归到本质上来认识"倍"的概念。此外，我们是先从差比开始的，这是学生原有的知识储备，将它调动出来，然后再引导学生发现当多出来的那部分与小猴数量是一样时，还可以怎么表示呢？有了这样的问题驱动，倍的产生就水到渠成了。

活动二：借助直观活动，建立"几个几"和"倍"的联系

1.认识"倍"，通过圈一圈体会"倍"的意义

师：小鸭有6只，小猴有3只，我们可以说小鸭只数是小猴的2倍（板书），为什么是2倍呢？

生5：小鸭有6只，有2个3，所以小鸭是小猴的2倍。

师：为什么要把6分成2个3？

生6：因为小猴有3只。

师：你的意思我听明白了，把小猴的3只看作是一份的话（圈一下），那么小鸭的6只里面就有这样的2份（圈两下），我们就说小鸭的数量是小猴的2倍。（板书：6里面有2个3）

师：圈一圈后很清楚，谁再来看着圈好的图，完整地说一说为什么小鸭数是小猴的2倍。（让学生上来边指边说）

生7：把小猴看作1份，小鸭有这样的2份，所以小鸭数是小猴的2倍。

【设计意图】将零散的图例动态地圈出来，这就是"1份数"的产生过程，这一动作让学生初步对倍的本质又有了进一步的深化，比较的"标准量"对于倍来说异常重要。

2.联系除法意义，用除法计算倍数

师：像刚才一样，我们可以用圈份数的方式来求倍数，那结合我们画的图，你能用算式的方法求倍数吗？把算式写在学习单上，跟同桌说一说。

（先独立思考与列式，再同桌进行交流，最后请学生代表上台展示分享）

生8：6÷3=2

师：你给大家讲一讲为什么这样列算式？这里的 6、3、2 分别表示什么？

生 8：6 是 6 只小鸭，3 是 3 只小猴，2 表示 6 里面有 2 个 3，小鸭有两份小猴这么多，小鸭的只数是小猴的 2 倍。

师：瞧！他的思路多清晰呀。他刚刚说什么呀？

生 9：小鸭有 6 只，小猴 3 只，把小猴看作 1 份，小鸭就有 2 份，6 里面有 2 个 3，所以是 2 倍。

师：老师发现你不仅听得仔细，说得也很好！你这样一解释我们就明白了。这个是 6，这个是 3，6÷3=2。也就是说 6 里面有 2 个 3，当然小鸭是小猴的 2 倍。我们用掌声欢迎他回位。

师：小朋友们，注意哦！在这，倍不作为单位，倍表示两个数量之间的关系，不用写单位。

【设计意图】回到了除法的意义上再次沟通包含了这样的几个"1 份数"就是倍的本义，那么这里不仅让学生打通了倍与乘法、除法间的内在逻辑，更让学生建立一个系统化、结构化的知识体系。

活动三：借助操作活动，抽象出倍的模型

引出第三个量"小鸟"，然后比较小鸟与鸭子、小鸟与猴子的倍数关系。

师：现在又来了 12 只小鸟，那小鸟是猴子的几倍？（盖住鸭子的图例）

生 1：（圈一圈）小鸟是猴子的 4 倍。

师：那小鸟又是鸭子的几倍呢（盖住猴子的图例）

生 2：（圈一圈）小鸟是鸭子的 2 倍。

师：为什么同是跟小鸟比较，一会儿是 4 倍，一会儿是 2 倍呢？

生 3：因为比的对象不一样。

师：看来在解决倍的问题时，跟谁比很重要。

师：森林里慢慢热闹起来了，其他小动物也想加入进来，瞧！一起说，小松鼠有 2 只，孔雀有 1 只，小鸡有 8 只。你能通过画一画，用三角形或者圆形来表示动物的只数，然后以其中的一种动物作为一份，圈一圈，再写一写算式吗？（请同学上来汇报说一说）

学习单

画一画，圈一圈，填一填。

🐿️		算式：_____
🐤		🐤数是🐿️的（ ）倍。
🐿️		算式：_____
🦆		🦆数是🐿️的（ ）倍。
🦚		算式：_____
🐒		🐒数是🦚的（ ）倍。

生1：松鼠有2只，小鸡有8只，以松鼠作为一份，小鸡有这样的4份，8里面有4个2，算式是8÷2=4，所以小鸡数是松鼠的4倍。

师：非常完整的表达，掌声送给这位同学，优秀的小老师！谁能继续像他这样说一说。

生2：松鼠有2只，小鸭有6只，把松鼠作为1份，小鸭有这样的3份，6里面有3个2，所以小鸭数是松鼠的3倍。

师：说得真好！还有谁来挑战？

生3：孔雀有1只，猴子有3只，以孔雀作为1份，猴子有这样的3份，3里面有3个1，3÷1=3，所以猴子数是孔雀的3倍。

【设计意图】从牵着学生走，到放手探究，提供了一个让学生能对话、有思辨的场景，再次深挖倍就是几个几的本义。

活动四：借助"变化"关系，理解倍的本质。

提供图形王国、线段图、矩形图等多元的素材，拓展对倍这一概念的理解，深化倍的认识。

师：我们成功帮助了小动物们，接下来，我们一起走进图形王国，圆形哥哥说它的个数是三角形弟弟的三倍，你能用你的智慧帮帮它们吗？请你完成学习单第2个内容。

师：同学们，老师刚刚在巡视过程中，发现了一些同学的作品特别有意思，我们一起来看一看。看，为什么都能表示出圆形个数是三角形的3倍呢？

生 1：因为题目里面没有说三角形有几个，圆形有几个。

师：很好，为细心分析题目的你点赞，请坐。还有谁有补充，请你说。

生 2：圆形个数是三角形的 3 倍，只要拿三角形作为一份，圆形就有 3 份。

师：说得太好了，掌声送给这位小老师。同学们，你们听明白了吗？没有说有几个的情况下，只要满足三角形的个数为 1 份，圆形有这样的 3 份，我们就可以说圆形个数是三角形的 3 倍。那接下来，我们再来看看图形王国还有哪些倍的知识，黄条是红条的几倍呀？

生 3：3 倍

师：对了，再瞧，这时候黄条是红条的几倍呀？

生 4：3 倍。

师：还是 3 倍，再看，现在是几倍？

生 5：3 倍。

师：现在黄线段是红线段的几倍

生 6：3 倍。

师：再挪一下！几倍？再挪！同学们，那你有什么发现吗？

生：不管怎么变化，红颜色作为 1 份，黄颜色有这样的 3 份，那就是说红颜色是黄颜色的 3 倍。

师：真是了不起的发现，那我们难度升级一下，红线段是 5，黄线段是几？再变一下，黄线段是 30，红线段是几？

【设计意图】所有的关系都是 3 倍，但是学生却画出了许多不同的答案。让学生再次体验到了数量关系受"标准量"影响，因此"1 份数"是倍的关键。此外，练习不能仅为练习，我们通过引导学生目测、预估两个没有明确数量关系的量，再通过验证发现它们的关系，当然这里倍的认知也升华了，其实"量感"也培养了。所以我们的教学不是就课论课，而是始终把结构化设计思维放在首位，让学生的思维得以提升。

课例3：动态呈现情境，聚焦"关系"链接

——"回收废品"一课教学实践

深圳市宝安区西湾小学　陈永畅

深圳市宝安区海城小学　赖允珏

【课例背景】

"应用意识"是小学阶段学生核心素养之一，总目标中提到学生能"在探索真实情境所蕴含的关系中，发现问题和提出问题，运用数学和其他学科的知识与方法分析问题和解决问题"。培养学生解决问题能力的重要性不言而喻，而其中"关系"发挥着重要作用。

"回收废品"是北师大版一年级下册第五单元内容，也是学生第一次经历问题解决全过程的课。本课聚焦"求一个数比另一个数多（少）几"的问题，将问题解决植入到数的运算中。低年段孩子在问题解决中存在"三难"：一是难提出数学问题，容易把生活问题与数学问题混淆；二是难建立问题与条件的联系，无法筛选或排除干扰的信息；三是难以选择正确的方式解决问题，他们常常看见"多"就加，看见"少"就减。"三难"的本质还是学生对"关系"的理解上存在差异。

因此，我们将教学内容中的问题情境动态化呈现，使学生能对条件与条件间的关系产生质疑和认知冲突，让学生在条件中建立三者之间的关系；增加数学问题与数学信息匹配的动态化呈现环节，让学生感知到不是所有的条件都能用来解决某一个问题，而是要思考条件和问题之间的关系。通过以上两个改变，突出数量关系对问题解决的重要作用，帮助学生建构条件与条件之间、条件与问题之间的关系，从而激发学生进行深度的理解，建构完整的思考模型。

【学习目标】

1. 在回收废品的具体情境中，经历发现信息、分析信息、提出问题、分析问题和解决问题的全过程，初步形成问题解决能力。

2. 在运算过程中，借助摆小棒、画图等方式进一步理解加减法的意义。

3. 在解决问题过程中，体会加减法在生活中的应用，感受数学和生活的联系，初步发展应用意识。

【学习活动】

活动一：动态呈现，制造条件间的冲突"关系"

情境导入，先呈现小红和小青的数学信息，让学生说一说"你知道了什么？""你还想知道什么？为什么？"，让学生在两条信息中建立三者之间的关系，最后再出示小林的数学信息，让学生发现问题。（如下图）。

师：小朋友们正在收集瓶子，他们收集的情况怎么样呢？谁来说一说？

生1：小红比小林多收集了3个瓶子。

生2：小青比小林少收集了4个瓶子。

师：像这样告诉你谁比谁多几、少几的话，叫作数学信息。你还想知道哪些信息呢？为什么？

生：我想知道小林收集了多少个瓶子，因为小红和小青都在和小林比，不知道小林的数量，就没办法算出小红和小青收集的瓶子数量！

【设计意图】此环节将与小红和小青关系密切的小林的数量先隐去，就是为了让学生发现小红与小青的这两个条件都与小林相关，从而得出解决问题的关键在于梳理条件与条件的关系，然后再根据问题进行分析并列式等。强化了数量关系对问题解决的重要作用，也能够帮助学生去建构条件与问题间的关系，从而排除一些干扰条件。

活动二：分类提炼，梳理问题间的联结"关系"

低年段孩子在提出数学问题上有困难：有的孩子还未将数学从生活中抽象出来，提出一些生活问题；有的孩子则将已知条件作为问题；有的孩子会提需要综合运用解决的问题。本课在尊重孩子的前提下，引导学生对这些问题进行分类，让孩子们感受问题间的联结关系。

1. 初次分类：筛选出需要运算的数学问题。

师：根据这些信息，你能提出哪些数学问题？

问题 1：小红（小青）收集了多少个瓶子？

问题 2：一共收集了多少个瓶子？

问题 3：小红比小青多收集多少个瓶子？

问题 4：小林比小红少收集多少个瓶子？

问题 5：小林比小青多收集了几个瓶子？

问题 6：还有多少个瓶子没有收集？

……

师：同学们会思考、会提问。在这些问题中，哪些问题是你不能解决的？哪些问题是可以直接回答的？哪些是需要列式运算得到的？

生 1："还有多少个瓶子没有收集？"这个问题没办法解决。

生 2：因为小红比小林多收集 3 个瓶子，所以小林比小红少收集了 3 个瓶子。

生 3：因为小青比小林少收集 4 个瓶子，所以小林比小青多收集了 4 个瓶子。

师：我们在提问的时候要分清楚信息与问题。信息中已经告诉你的，我们就不再提问了。

2. 再次分类：筛选出需要先解决的数学问题。

问题 1：小红（小青）收集了多少个瓶子？

问题 2：一共收集了多少个瓶子？

问题3：小红比小青多收集多少个瓶子？

师：在剩下的这些问题中，我们先解决哪些好呢？

生：要先解决"小红（小青）收集了多少个瓶子？"，只有知道了小红和小青的数量，才能求总数，才能把小红与小青进行比较。

3. 动态分类，筛选出条件与问题关系密切的问题。

师：现在有3个信息和2个问题，到底哪些信息能解决什么问题呢？我们来玩一个"连连看"的游戏！请你把这些信息和能够解决的问题放在同一行。

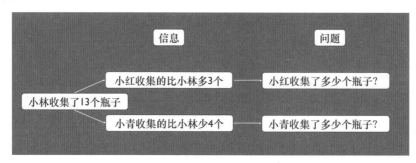

师：为什么这样摆？

生：要求小红收集了多少个瓶子，要用到"小红比小林收集的多3个瓶子"这个信息，因为小红在和小林比，所以要用到"小林收集了13个瓶子"这个数学信息。

师：看来只有信息与问题相匹配，才能帮助我们解决问题！

【设计意图】前两次有意识的引导分类中，培养学生问题解决的两个观念：一是已知的信息不是问题，二是要先解决简单的问题，才能解决更难的问题。在"连连看"的游戏中，通过"动态"的视觉过程与有思考的表达，让学生感知到不是所有的条件都能用来解决某一个问题，而是要思考"这个问题与谁有关系？""解决这个问题应该选择什么条件？"

活动三：深度学习，体验策略间的模型"关系"

在解决"小红收集了多少个瓶子？"和"小青收集了多少个瓶子？"这两个问题上，很多孩子看到"多"就加，看见"少"就减，也能把题做对，但并不能在情境中理解加减法的含义。在解决问题的环节，把重点放在操作解决问题、理解加减法含义上。同时借助"如果小林比小亮少4个，那么小亮收集了几个瓶子呢？"这样一个变式问题，制造孩子们的认知冲突，在画图与辩论中学会解决问题的方法。

1. 多元表征，理解加减模型。

师："小红收集了多少个瓶子？"这个问题要怎么解决？请你在学习单上列式计算，并画图解释你为什么这样做，然后和你的同桌说一说。

师：你能结合图来解释一下为什么这样做吗？

生1：这里的1个大○表示10，3个小○表示3，加起来表示小林收集的13个瓶子，小红比他多3个，就往后面再加3个○，所以用13+3来解决。

师：通过画图，我们发现小红的数量是在小林的基础上加3个，求两部分的和用加法。

师："小青收集了多少个瓶子？"这个问题要怎么列式计算呢？

生（不约而同）：13-4=9（个）

师：老师这里有一些圆片，你能用贴圆片的方式来解释一下为什么这样做吗？

生：小青比小林少4个，就是从13里面去掉4个。（圈出少的4个）

师：从整体中拿走一部分可以用减法来解决。

2. 对比分析，深化加减模型。

师：小亮加入他们的队伍，小亮说："小林比我少4个，请问我收集了多少个？"小亮的数量是需要合起来还是需要去掉一部分呢？请你在学习单上画一画、写一写。

展示学生两种做法：13+4=17（个）和 13-4=9（个）

师：我看见大家有这两种做法，到底用加法还是用减法？请大家辩一辩！

生1：用减法，因为它说少4个，就是减4个？

生2：不对，用加法。小林比小亮少4个，那小亮就比小林多4个，13+4=17（个）。

生3：如果用减法，小亮是13-4=9（个），小林13个，就和小亮说的话不一致了。

学生在辩论中达成共识。

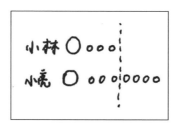

师：今天我们解决的这些问题就是数学里的"一个数比另一个数多（少）几是多少？"，我们可不能看到多就加，看到少就减，而是要思考：是合起来，还是去掉一部分，如果想不清楚，可以画画图。

【设计意图】问题解决能力的培养需要经历一个长期的过程，小学低年段是学生问题解决能力发展的起步阶段，在教学中要让孩子经历问题解决的全过程，帮助学生紧紧抓住"关系"深究，通过制造条件间的冲突关系、问题间的联结关系、策略间的模型关系，在画图、操作、实验、归纳、总结中不断培养学生对问题的敏锐力、理解力与分析力，不断提升问题解决能力。

案例4：动态建构概念，促进深度理解

——"小数的初步认识"一课教学实践

深圳市宝安区共乐小学　张晓燕

【课例背景】

"小数的初步认识"是北师大版三年级上册第七单元的内容。在此之前，学生已经学习了万以内整数的认识、人民币的认识等内容。通过对教材的横向比较，人教版教材是在有分数的学习基础后再去理解小数意义，而北师大版教材并没有在分数的基础上学习，而是通过生活实际，借助元、角、分的知识去认识小数。这里从元、角、分的视角引导学生认识"小数"这一概念。学生对于小数并不陌生，但为了探明学生学习的起点，我对一个班46位学生进行调研，调研题目分别是：你见过小数吗？你认为什么是小数呢？关于小数你想知道什么？学生反馈信息如下图：

从上图可以看出，学生对于生活中小数的经验是比较丰富的，但也只是感性层面，对小数的读写法及意义理解不到位，对小数的产生过程很感兴趣，希望知道小数的实际价值。基于此，那么本课该如何建构小数的概念，不仅仅要求会读、写、认小数，还要让学生主动抓住"数"知识的"生长点"和"延伸点"，实现更深入、更本质、更上位的数学理解。

教材内容没有体验小数产生的必要性环节，但学情调研关注到学生有此内在需求，于是首先创设猜盲盒笔的价格情境，让学生产生认知冲突，而且为了让学生建立起一个结构化的知识体系，先从激活学生的经验入手，实现从"整数"到"小数"过渡。接下来，为深化学生对"小数"的认识，出示教材主情境图，你能记录相关文具的价格并解读是什么意思吗？有什么秘诀？这些数有什么相同点？这些小数怎么读？在游戏练习中，为了帮助学生建立"小数"的初步模型，采用让学生当老板定价格写标签的方式，如橡皮擦、书包等文具你想定价多少？怎样写出以元为单位的小数，通过圈一圈、写一写、辨一辨，都指向了学生思维动态的形成与发展。最后，播放视频，拓展了解小数的历史，增强文化自信；也出示小数在生活中的多场景运用，打破小数的元、角、分思维定式。基于此，学生体验了"数"概念的一致性，小数的概念建构有抓手、重过程，从而促进学生会迁移，能思考。

【学习目标】

1.结合具体情境，借助元、角、分初步理解小数的含义，会认、读、写简单的小数。

2.能把几元几角几分的人民币的币值用以元为单位的小数表示，也能把以元为单位的小数改写成几元几角几分的形式。

3.初步感受小数的必要性与了解小数的历史。

【学习活动】

活动一：猜一猜，体验小数产生的必要性

出示盲盒笔图片创设情境并引导学生猜一猜一支盲盒笔需要多少元。（在屏幕上展示买盲盒笔的情景）

师：同学们，周末老师去文具店买了盲盒笔，请你猜一猜一支盲盒笔需要多少元？谁猜中或猜得最接近盲盒笔就送给谁！

学生兴奋地随意猜

师：为了帮助你们猜中，温馨提示：价钱的范围在 3 元至 7 元之间。（数轴同步显示）

学生猜 4 元、5 元或 6 元

师：温馨提示：价钱的范围在 3 元至 5 元之间。（数轴同步显示）

学生猜 4 元。

师：最后一次温馨提示：价钱的范围在 3 元至 4 元之间。（数轴同步显示）

生 1：3 元 8 角。

师：那是多少元呢？

生 1：3.8 元。

师：你猜得比较接近了。

生 2：3.6 元。

生 3：3.5 元。

师：你们刚才猜的有整数，现在怎么不猜整数啦？

生 4：3 元至 4 元之间没办法再猜整数，得把单位元变小，用上角来猜。

生 5：也就是还要再细分才行。

师：这支盲盒笔到底是多少元呢？价格揭晓！是 3.5 元。恭喜同学猜中啦！这表示几元几角几分呢？

生 6：3.5 元表示 3 元 5 角 0 分。

师：生活中还有很多像 3.5 这样的数哦！让我们一起学习吧！

【设计意图】从猜 1 支盲盒笔的价格这个简单的问题入手，激发学生的学习兴趣。猜价格的范围从大到小，最后锁定在 3 元与 4 元之间，让学生产生认知冲突，从而体验到小数产生的必要性。PPT 上同步显示猜数的范围，其实是一条简易的数轴，让学生直观感受两个连续的整数之间还可以通过细分，得出更小的数的单位，而且也是一个一个单位的累加，体现数概念的一致性。

活动二：认一认，初步理解小数的含义

师：老师在文具店里还看到另外一些文具，你能把这些文具对应的价格记录下来，并读懂它吗？

每本笔记本 _____ 元　是 ___ 元 ___ 角 ___ 分

每支铅笔 _____ 元　是 ___ 元 ___ 角 ___ 分

每把尺子 _____ 元　是 ___ 元 ___ 角 ___ 分

每支钢笔 _____ 元　是 ___ 元 ___ 角 ___ 分

出示多种文具价格，学生尝试完成。

学生完成并分享自己的想法

生 1：每本笔记本 3.15 元，是 3 元 1 角 5 分；每支铅笔 0.50 元，是 0 元 5 角 0 分；1.06 元是 1 元 0 角 6 分；6.66 元是 6 元 6 角 6 分。

师：你有丰富的生活经验，回答非常流畅！

师：钢笔的价格标签中 3 个 6 表示的意思相同吗？

生 2：不相同。第 1 个 6 是 6 元，第 2 个 6 是 6 角，第 3 个 6 是 6 分。

师：原来相同的数字在不同的位置上，表示的意义不一样。

师：刚才有的同学完成很快，有什么秘诀啊？

生 3：第一个数字都是代表元，第 2 个数字都是代表角，第 3 个数字都是代表分。

师：这些数字具体在什么位置所表示的意义不一样？

生 4：（指着说）这个小圆点左边位置代表元，小圆点右边的位置代表角和分。

师：右边有两位怎么区分？

生 5：小圆点左边是几，就是几元，小圆点右边第一位是几，就是几角，小圆点右边第二位是几，就是几分。（生说时师对应位置板书要点）

师：了不起，准确找到了不同的位置表示不同的意义！

【设计意图】从日常文具的价格中让学生记录并用元、角、分表示，初步建立元、角、分与小数之间的联系，通过 6.66 元各个数位上的数字相同，引导学生感受同一个数在不同的位置上表示的意义不一样。再通过让学习自我总结不同的位置对应不同的意义，这对于初步理解小数的含义非常重要。

活动三：想一想，初步建构小数模型

师：我们刚才在文具的价格标签上找到了这样的一些数，（PPT 动态去掉

相关文字，只留下小数）

显示：3.15、0.50、1.06、6.66⋯⋯像 3.15、0.50、1.06、6.66⋯⋯这样的数，都是小数。（贴板贴）

师：仔细观察，这些数跟我们以前学过的整数有什么不一样？

生1：中间有个点

生2：是小数点。

师：你们很会观察，是的，这个小点叫小数点，小数点可是小数的重要标志。它长得怎么样？

生3：小小的，圆圆的。

师：老师也来写一写。要写得圆圆的，小小的。（现场板书：3.15，0.15）

生4：小数点把小数分成两部分。小数点左边是整数部分，小数点右边是小数部分。（电脑出示：小数点，整数部分，小数部分）

师：哇，太厉害了！小数的组成你都知道！那这些小数怎么读？试试看。

生5：3.15读作：三点十五。

生6：不是，是三点一五。

师：我听到了两种声音，哪种读法是正确的？（出示正确读法）

师：其他的小数你会读吗？（读 1.06 与 6.66 后，再板书：27.27、100.04 等小数让学生读出来）

师：那你们能用一句话说一说小数怎么读？

生7：先读整数部分，再读小数点，最后读小数部分（贴板贴）。

生8：也就是整数部分要按照之前整数的读法读，小数点读作点，小数部分见什么数就读什么数。

师：太棒了！咱们数学书封底也有一个以元为单位的小数，你会读吗？表示几元几角几分？

【设计意图】从文具的价格标签中将小数与元、角、分等生活特定情境进行一步步抽离，并通过观察与对比感知小数的特点，初步建构小数的模型。引导学生读小数、总结小数的读法，进一步丰富对小数的认识，建构小数的概念。

活动四：标一标，促进小数与元、角、分的转化

1.我圈你写，强化小数的意义

师：文具店又新进了一批文具，等着你来帮忙定价钱，标价格，你也来体验当老板。但定价可不是一件简单的事情哦！你知道怎么定价吗？

生1：不能太贵，否则没有人买；也不能太便宜，会亏本，要科学合理。

师：真有商业头脑，掌声送给他。

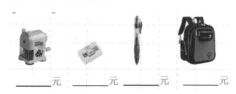

出示文具：

开展活动：同桌两人合作，一名同学圈出钱币表示文具的价钱，交给另一名同学写出是几元几角几分，并用小数表示，最后读出来。大家轮流玩。

学生自行操作并分享作品。

生2：卷笔刀我圈中10元，同桌写10元。

师：你们同意吗？

生3：不同意。10不是小数是整数，应该写成10.00元。

师：活动要求定价用小数表示，你真细心！

生4：橡皮擦我圈中5角，同桌写成0.05元。我觉得是错的，应该是0.50元，因为小数点右边第一位是表示角的。

生5：黑色水笔我圈中2元0角5分，写成2.05元。

生6：书包我圈中83元5角，写成83.50元。

师：同学们定价合理，最后标价正确。标价中的这些0不写行吗？这些0是用来干什么的？

生：哪一个单位上一个数字都没有，就要用0来占位。

师：怎样写出以元为单位的小数啊？

师生总结：有几元，就在小数的整数部分写几；有几角，就在小数部分的第一位上写几；有几分，就在小数部分的第二位上写几，哪一个单位上一个数也没有，就在那个单位上写"0"占位，最后在末尾写上单位名称"元"。

2. 辨一辨，突破小数读写难点

（1）买 7.15 元的文具盒需要付 7 元 15 角，对吗？

（2）3 元 2 分就是 3.20 元，对吗？

（3）4 角 5 分就是 4.5 元，对吗？

【设计意图】通过让学生给文具合理标价和辨一辨的活动，将读写小数的练习任务融入有趣的游戏之中，学生两人合作完成 4 种文具的标价，既巩固了小数的读写，又能发展学生对小数的数感，同桌合作还能帮助顺利突破小数读写难点，强化小数的意义。

活动五：看一看，拓宽小数概念外延

1. 播放视频，了解小数的历史

师：这节课我们初步认识了小数，到底小数是怎么来的？

生 1：原来小数历史这么悠久，但最早是由我国提出的。

2. 多场景出示小数，打破小数元、角、分思维定式。

女孩高1.43米　体重31.7千克　体温36.6度　百米跑9.91秒

师：小数在生活中是广泛存在，请你看一看、读一读。

出示并全班读小数。

师：1.43 米是什么意思？

生 1：1.43 米表示 1 米 4 分米 3 厘米。

师：你会学以致用，迁移能力很强！其他小数留着我们以后再探究。

3. 这节课你有什么收获？关于小数你还想知道什么？

……

【设计意图】这一环节，借助数学史让学生进一步增强对小数的理解，并通过不同的维度让学生明白小数对生活中数量的概括与抽象，也就是数产生于"数"，小数当然也是"数"出来的，回到一致性理解，从计数单位上去发掘数的本质，完善了小数的内外延，丰富了小数的应用。

案例 5：动态聚焦，厘清算理，明确算法

——"分数与除法"一课教学实践

深圳市宝安区桥头学校　庞婉玲

【课例背景】

《课程标准》2022 版中指出数学课程的变化：课程内容的组织要重视让学生亲身经历数学知识、获得经验的形成过程。分数与除法的内容，如果单纯地从外在的形式上去教学它们的关系：除法中的被除数相当于分数的分子，除数相当于分母，相信学生也能学得很好，但这样一来除法算式的商写成分数的结果，其中的算理往往会被忽视，学生对这关系只能死记硬背。因此我们在设计教学时应该从本质上进行联系，使学生理解为什么可以用分数来表示除法算式的结果，同时知道分数表示除法算式结果的现实意义和数的意义，进而为后面研究分数的应用埋下伏笔。

基于这样的思考，我将教学内容的问题情境动态化呈现，并稍有改动，让学生在学习单上进行画、分、算的操作体验中充分理解算理，为探究分数与除法的关系搭建了沟通的桥梁。接着让学生联系思考，发现验证，建构分数与除法关系的模型，明确算法。最后让学生对比发现，打通联结，进行假分数和带分数互化，进一步发展学生的数感和符号意识，促进学生数学思维的发展。

【学习目标】

结合具体情境，通过观察、比较，理解分数与除法的关系，会用分数来表示两个数相除的商，体会数学知识间的内在联系，培养模型意识。

运用分数与除法的关系，探究假分数与带分数的互化方法，理解假分数与带分数互化的算理，能正确进行互化。

体会新旧知识之间的内在联系，培养观察、比较、抽象、概括等能力。

【学习活动】

活动一：动态呈现情境，动手操作中引发冲突，厘清算理

创设教师谈话引入，分蛋糕的现实情境，在教材原有的问题情境上，增加了一个用旧知识"整数除法"解决平均分的问题："8 块蛋糕平均分给 4 个小朋友，每人获得几块蛋糕？"，学生利用旧知列出除法算式 8÷4=2，唤起学生对除法意义的理解。接着课件相继动态呈现教材的两个核心问题。

师：如果把 1 块蛋糕平均分给 2 个小朋友，每人可以分到几块蛋糕？你能用算式说一说吗？

生 1：我是这样想的，用 1÷2=0.5，每人分到 0.5 块蛋糕。

生 2：结果也可以用分数来表示，$1÷2=\frac{1}{2}$，每人分到 $\frac{1}{2}$ 块蛋糕。

师：是的，把一块蛋糕平均分成 2 份（结合课件动态呈现平均分过程），每人可以得到 $1÷2=\frac{1}{2}$（块）（板书：$1÷2=\frac{1}{2}$）

师：如果把 7 块蛋糕平均分给 3 个小朋友，每人又可以分到几块蛋糕呢？看来有点难度，我们一起来探讨一下，先来看看活动要求。

①画：把分蛋糕的过程在学习单上画一画；

②分：思考每人能分得多少块？填一填；

③算：把算式与结果在学习单上记录下来。

（学生自主完成后，请学生代表汇报交流）

生 1：我是这样分的：先把 6 块蛋糕平均分给 3 个小朋友，每人分到 2 块蛋糕，再把剩余的 1 块蛋糕平均分给 3 个小朋友，每人再分得 $\frac{1}{3}$ 块蛋糕，所以每人可得 $2\frac{1}{3}$ 块蛋糕。用算式表示 $7÷3=2\frac{1}{3}$（块）。

师：结合图来解释，有理有据，你的表达能力真不错！老师把你画的图请到黑板上来，还有不同的方法吗？

生2：我是把每块蛋糕都平均分成3份，因为把1块蛋糕平均分给3个人，每人可得 $\frac{1}{3}$ 块蛋糕；所以把7块蛋糕平均分给3个人，每人可得7个 $\frac{1}{3}$ 块蛋糕，也就是 $\frac{7}{3}$ 块蛋糕。用算式表示是 $7÷3=\frac{7}{3}$（块）。

师：你的想法也很棒，表达得也很清楚，给你点赞！老师把你画的图也请到黑板上来。

师：同学们，我们再一起来看看刚才生2说的方法，通过画图分一分，我们就能发现 $7÷3$ 的结果里有7个 $\frac{1}{3}$，也就是 $\frac{7}{3}$。（板书：$7÷3=\frac{7}{3}$）

【设计意图】通过动态呈现核心问题情境，让学生通过对"分蛋糕"情境问题的递进式探索，在逐步"分"的过程中，明晰除法算式的结果用分数表示的意义。新课标指出：有效的数学学习活动不能单纯地依赖模仿与记忆，动手实践、自主探索与合作交流是学生学习数学的重要方式。教师让学生通过画图或说理自主探究 $7÷3$ 等于几分之几，让学生在画一画、分一分、算一算的实际操作、自主探索活动中引发冲突，除法算式的结果不仅能用以前学过的整数或小数来表示，也能结合分数的意义用分数来表示，进而厘清用分数表示除法算式结果的算理。

活动二：动态联系建构，猜想验证中建立模型，明确算法

就分数与除法而言，仅仅为得出分数与除法的关系而进行教学，只是流于形式而已。实际上，借助于这个知识载体，我们还要关注其中蕴藏的归纳、比较等思想方法，建立模型、明确算法，进而聚焦学生的数感、符号意识和运算能力，提高学生的核心素养。

师：同学们，刚才你们通过自主探究解决分蛋糕的问题时，写出了这两个除法算式：$1÷2=\frac{1}{2}$ 和 $7÷3=\frac{7}{3}$。请你们联系思考：仔细观察，你发现分数与除法有什么关系吗？说一说。

生1：我发现除法里的被除数和分数的分子一样，除法里的除数和分数的分母一样。

生 2 : 我发现除法里的除号相当于分数里的分数线。

生 3 : 除法里的除数和分数里的分母都可以表示平均分的份数。

师 : 同学们真是火眼金睛，我们一起来看看（结合课件用不同颜色动态联系建构）

仔细观察,你发现了分数与除法有什么关系?

$$1 \div 2 = \frac{1}{2} \qquad 7 \div 3 = \frac{7}{3}$$

通过这两个式子，我们得出了被除数 $\div$ 除数 $= \dfrac{被除数}{除数}$（板书：被除数 $\div$ 除数 $= \dfrac{被除数}{除数}$）这一分数与除法的关系。

师 : 你能再多举几个例子，说明这个关系是成立的吗?

生 1 : 我举的例子是 $9 \div 7 = \dfrac{9}{7}$，把每块蛋糕都平均分成 7 份，结果就会得到 9 个 $\dfrac{1}{7}$，所以结果可以用 $\dfrac{9}{7}$ 来表示。

生 2 : $11 \div 6 = \dfrac{11}{6}$，也可以理解成把 11 块蛋糕都平均分成 6 份，结果就是 11 个 $\dfrac{1}{6}$，也就是 $\dfrac{11}{6}$。

师 : 这样的例子还有很多很多，也就是说我们刚才的猜想：被除数 $\div$ 除数 $= \dfrac{被除数}{除数}$ 确实是成立的。那你能用字母表示出分数与除法的关系吗?

生 3 : $a \div b = \dfrac{a}{b}$

师 : a 和 b 可以是任何数吗?

生 4 : b 不能等于 0，因为除数是 0 或者分母是 0 就没有意义了。〔板书：除数 $\neq 0$，即 $a \div b = \dfrac{a}{b}$（$b \neq 0$）〕。

【设计意图】学生在不断观察、比较和猜测的过程中感受除法算式各个部分和分数各个部分的关系，发展思维和语言概括能力；学生在理解并初步建模的过程中，建立除法与分数之间的关系：把被除数当作分子，把除数当作分母，被除数 ÷ 除数 = $\dfrac{被除数}{除数}$。

接着让学生通过举例，不断应用，同时也验证了分数与除法的关系，建立模型，明确用分数来表示除法算式结果的算法。整个环节都是给予学生充分的思考和交流的空间，实现真正意义上的认知建构。荷兰教育家弗赖登塔尔曾说过"真正的数学家常常凭借数学的直觉思维做出各种猜想，然后加以证实。"因此，猜想验证是一种重要的数学思想方法，而在渗透这种数学思想的时候正是学生思维能力得到提高的时候。因此，小学数学教学中教师要重视猜想验证方法的渗透，以增强学生主动探索、获取数学知识的能力，促进学生创新能力的发展。

最后让学生从具体到抽象，用字母表示分数与除法的关系，层层递进，发展学生的思维和符号意识。用字母抽象概括出分数与除法之间的关系 $a \div b = \dfrac{a}{b}$，这对学生来说并没有太大的挑战，但要注意分母不为 0 的细节，保证数学思维的严谨性。

活动三：动态对比联结，自主探索中学习归纳，分数互化

这个环节需要让学生学会运用分数与除法的关系，探索假分数与带分数的互化方法，初步体会假分数与带分数互化的算理。因此我设计了在课件上动态出示刚才学生在活动二出现的两种不同方法得出的两个结果，学生通过对比发现 $2\dfrac{1}{3}$ 和 $\dfrac{7}{3}$ 是同一个数的不同形式。然后给予学生充分的时间去在自主探索中学习归纳假分数与带分数互化的方法。

师：同学们，以 $\dfrac{7}{3}$ 和 $2\dfrac{1}{3}$ 为例，想一想，假分数和带分数如何进行互化？

（学生自主完成后，教师巡视指导，请学生代表按顺序汇报交流）

师：怎样把假分数 $\dfrac{7}{3}$ 化成带分数？

生1：根据分数的意义，$\frac{7}{3}$ 里面有 7 个 $\frac{1}{3}$，3 个 $\frac{1}{3}$ 是 1，6 个 $\frac{1}{3}$ 是 2，所以 $\frac{7}{3}$ 可以看成是 $\frac{6}{3}$（就是 2）和 $\frac{1}{3}$ 组成的数，所以可以写成 $2\frac{1}{3}$。（教师结合课件动态呈现直观图，帮助学生理解）

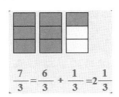

$$\frac{7}{3} = \frac{6}{3} + \frac{1}{3} = 2\frac{1}{3}$$

生2：把 $\frac{7}{3}$ 化成带分数，可以根据分数与除法的关系直接用 $7 \div 3$，所得的商 2 就是带分数的整数部分，余数 1 就是分数部分的分子，分母不变，所以 $\frac{7}{3}$ 化成带分数是 $\frac{7}{3} = 7 \div 3 = 2\frac{1}{3}$。（教师结合课件动态呈现）

$$3\overline{)7} \\ \quad \underline{6} \\ \quad 1$$

$$\frac{7}{3} = 7 \div 3 = 2\frac{1}{3}$$

师：有的时候分子除以分母，所得的商没有余数呢？这会儿的假分数转化成什么了？

生3：当分子是分母的倍数时，假分数可以化成整数，反之就化成带分数。

师：那怎样把带分数 $2\frac{1}{3}$ 化成假分数呢？

生4：$2\frac{1}{3}$ 可以看成是 2 与 $\frac{1}{3}$ 的和，把整数 2 化成分母是 3 的分数，即 $2 = \frac{2 \times 3}{3} = \frac{6}{3}$，于是可得 $2\frac{1}{3} = 2 + \frac{1}{3} = \frac{6}{3} + \frac{1}{3} = \frac{7}{3}$。

生5：将 $2\frac{1}{3}$ 中的整数 2 化成分母是 3 的假分数，分子就是 2×3，再加上原来分子中的 1，就是 $2 \times 3 + 1$，所以 $2\frac{1}{3} = \frac{2 \times 3 + 1}{2} = \frac{7}{3}$。

师：是的，把带分数化成假分数，我们就是用原来的分母作分母，用分母和整数的乘积再加上原来的分子做分子。

【设计意图】新课标指出"有效的数学学习活动不能单纯地依赖模仿与记忆，动手实践、自主探索与合作交流是学生学习数学的重要方式"。本环节是学生对分数意义和新知分数与除法关系的直接应用，教师给予学生时间去独立思考、学习归纳和创造知识的机会。只要方法合理，教师都给予及时的肯定，并进行适时的指导。在师生交流和生生交流中，让学生去探讨假分数与带分数互化的方法，结合课件的直观动态呈现，进而聚焦学生的数感和抽象能力。

活动四：动态巩固延伸，实际应用中内化模型，拓展思维

练习是小学数学课堂教学的重要组成部分，它是提高课堂教学效率的有效举措，也是培养学生创新精神和实践能力的重要途径。课堂上，教师为巩固课堂教学效果会设计一些有层次的、个性化的练习，通过一系列的练习能有效地巩固知识、加深理解、拓展思维，这些练习是教学过程中一个不可缺少的重要环节。因此在本环节，结合学习目标，在练习的环节我直接采用了教材的 3 道题，但对第 1 题做了适当调整。

师：我们一起来看看练习的第 1 题，（课件出示）把 1kg 的茶叶平均装在 4 个小罐里，每小罐装多少千克？平均装在 5 个小罐里呢？请你想一想、画一画、算一算，在学习单上完成。

【设计意图】这道题在教材原题要求"想一想、算一算"的基础上，增加了让学生画一画，再次结合图形去说明除法的结果用分数来表示的便捷性，让学生能真正理解用分数来表示除法结果的算理，真正地知其然且知其所以然。《2022 年版课标》指出，运算能力是核心素养在小学阶段唯一作为"能力"要求的行为表现，主要包括 4 个方面的表现，其中就有让学生能够通过运算解决数学问题和简单的实际问题。在进一步渗透"分数与除法关系模型"实际应用的同时，让学生充分感悟分数与除法关系的现实意义，帮助学生感受所学知识的实际应用价值，进而拓展学生的数学思维，提升学生的核心素养。

案例 6：动态赋能，基于单元整体打通除法、分数、比的隔断墙

——"生活中的比"一课教学实践

深圳市宝安区西湾小学　曾柳青

【课例背景】

在传统的教学中，比的认识往往被割裂开来，学生在学习除法、分数和比的时候，往往只是孤立地学习它们各自的运算规则，而忽视了它们之间的联系。这种教学方式不仅使学生难以理解和掌握这些知识，而且也限制了他们的思维方式和解决问题的能力。

2022 版课标明确要求"使学生感受数学与生活的密切联系，从学生已有的生活经验出发，让学生亲历数学的过程"。"比"这节课，对孩子们来说并不陌生。通过我的课前调查，他们在生活中对比已经有了一定的认识，但大部分孩子只停留在同类量相差关系的比，仅有 25% 的孩子提到量与量相除的比，此外，学生能通过画一画、写一写的方式理解简单的比，但是对除法、分数、比的关系并不理解。因此，如何带领学生体会比是用来刻画事物不可度量属性的特征？如何打通除法、分数、比之间的隔断墙，从而实现数的概念的一致性？

《生活中的比》属于"数与代数"领域的核心内容，在此之前，学生已经学习了除法、分数和百分数的意义，理解了分数与除法的关系，而本单元借助比的认识，进一步丰富了学生对分数的认识，沟通分数、除法和比之间的内在联系，为后续学习比的化简、比的应用和比例奠定基础。对比不同版本的教材我们可以发现，虽然教材创设的情境不同，但都借助了丰富的素材让学生在充分感悟的基础上再抽象出比的概念，理解比的内涵。而与其他版本的教材不同，北师大版教材并没有把同类量的比及不同类量的比放在同一

个课时里，而是先通过"图片像与不像"的问题从几何角度探究同类量的比，体会比的简洁性和优越性，其目的是让学生深入领悟同类量比的本质内涵，并在这个过程中让它与除法和分数产生联系。我想，这也是北师大版教材的优势所在。因此，我把今天说课的主题定为：基于单元整体打通除法、分数、比的隔断墙。

【学习目标】

1. 经历从具体情境中动态化抽象出比的过程，体会认识比的必要性，理解比的意义及与份的关系，培养数感。

2. 能正确读写比，会求比值，能理解比与除法、分数的关系，培养运算能力。

3. 能利用比的知识解释一些简单的生活问题，感受比在生活中的广泛应用。从而培养学生的动态思维能力和问题解决能力。

【学习活动】

活动一：动态呈现情境，关联"比的认识"

通过动态的方式呈现一些生活情境，创设引发认知冲突的问题情境，让学生在猜想、论证中理解两个同类量的"比"是倍数关系的表达或度量。如动态出示教师一张生活照和多张经过处理后的照片，在拖拽的过程中，让学生在实际的比较中感受比的概念和性质。

教师出示一张生活中的照片和多张经过处理后的照片。让学生观察，并说说自己的发现，哪些图与原图 A 像？

（有的像原图，有的不像）

生 1：有的照片变扁了，有的变大了，有的变小了，有的变胖了。

师：能说再具体一些吗？

生 1：相对图 A 来说，图 B 变小了，图 C 变得又宽又扁，图 D 变大了，图 E 变得又高又窄。

师：仔细观察这些变化了的照片，哪张与图 A 比较像？

师：你觉得像不像是什么原因造成的，与图片哪里有关系？

预设 1（学生 1）：面积大小相同，就会像原图。

预设 2（学生 2）：周长是一样长，就会像原图。

预设 3（学生 3）：边长是一样长，就会像原图。

教师小结：也就是说，同学们猜测照片像不像是与照片（长方形）的长和宽的变化有关系。

［如果有的学生说到面积相同就像。追问：图 A 和图 C 两个图形的面积都是 24 平方厘米，但是为什么就是不像呢？从而引导学生观察原图与其他长方形的边长建立关系（组合）。］

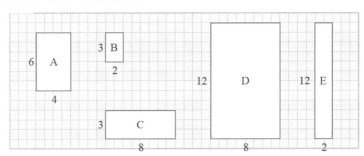

【设计意图】通过创设人物图形的变化，唤醒学生关于"比"的认知，在此基础上引发"冲突"——"这会是我们今天要学的'比'？"进而出示同学们认识并且熟悉的"班主任"老师，进行"变化"，并抽象出"长方形"这个基本图形，因此，在"切分""像"与"不像"的同时，为"比"的认知做好了铺垫。

活动二：动态生成模型，深化"比的理解"

教师可以设计一些动态的问题，让学生在解决问题的过程中深化对"比"的理解。

1.确定本节课的学习目标，共同研究学习方案。

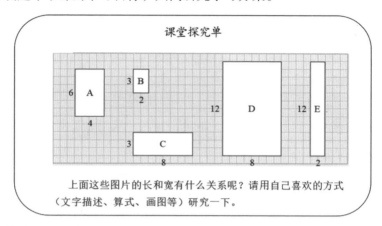

2.首先，验证猜想：从照片的长和宽入手，给出（方格），并标出相应数据（减少学生收集数据的失误），并规定以水平方向为宽，以垂直方向为长。以小组为单位，验证猜想。

出示小组合作要求（课件显示，让学生读要求）。

3.小组合作研究，教师巡视。（找到有代表性的作品，为学生上台交流做些准备）

4.全班交流汇报，实物投影学生的研究过程（长与长的关系，长与宽的关系）。

A.图形相像奥秘（一）——倍数关系

第一种：各图形之间长的比较，宽的比较。

图形A、B　长 $6÷3=2$　宽 $4÷2=2$　像

图形D、A　长 $12÷6=2$　宽 $8÷4=2$

图形A、C　长 $6÷3=2$　宽 $4÷8=0.5$　不像

图形A、E　长 $6÷12=0.5$　宽 $4÷2=2$

生1：图 A 的长除以图 B 的长等于 2，图 A 的宽除以图 B 的宽也等于 2；图 D 的长除以图 A 的长等于 2，图 D 的宽除以图 A 的宽也等于 2；图 A 的长除以图 C 的长等于 2，图 A 的宽除以图 C 的宽等于 0.5；图 A 的长除以图 E 的长等于 0.5，图 A 的宽除以图 E 的宽等于 2。

生2：我同意上面同学的说法，也就是图 A 的长和宽同时除以 2 会得到图 B 的长和宽；图 A 的长和宽同时乘 2 得到图 D 的长和宽。

生3：图 C 和图 E 变形了，是因为它们的长和宽一个除以 2，一个在乘 2，也就是一边在缩小，一边在扩大。

第二种：自身长除以宽的商与其他图形比较。

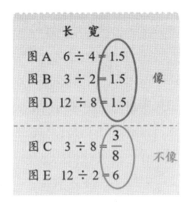

图 A、图 B 和图 D 的长除以宽都等于 1.5，也就是图 A、图 B、图 D 的长都是宽的 1.5 倍；图 C 的长除以宽等于 $\frac{3}{8}$，图 E 的长除以宽等于 6。

师向生再次提问：像不像与图形的长和宽有什么关系？

师生小结：长除以宽所得的商相同，图形就像了。

图形之间长的倍数、宽的倍数相同，图形就像了。

5. 比较两种不同方法的异同点。

不同之处：角度不同，关注自身内部联系和事物之间的联系。

相同之处：都是用除法研究的，表示两个相关联的量（同类量）的倍数关系。

6. 动态化小结。

师：像上面这样，两个数相除，又叫作两个数的比。

以图 A 的长 6 除以宽 4 为例，6÷4 又可以写成 6∶4，6 是比的前项，4 是比的后项，中间的符号叫比号，除得的商 1.5 叫作比值。

师：怎样求比值？前项除以后项所得商就是比值。

师：比的前项和后项是否可以是任何数？比的后项不能为 0

两个数相除，又叫作这两个数的比。

$$6∶4 = 6÷4 = \frac{6}{4} = 1.5$$

前 比 后   比
项 号 项   值

师：通过刚刚的探究，你们知道如何求比了吗？

生：求一个比的比值就是将两个数的比转换成除法，求出的商就是比的比值。

B. 交流图片相像的奥秘（二）——比的关系。

师：谁能应用比的知识来解释图片相像的奥秘。

生 1：图 B、图 D 与图 A 相像的奥秘是长与长的比、宽与宽的比相等。

生 2：我还发现图 B、图 D 与图 A 相像的奥秘是长与宽的比相等

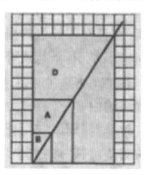

（课件演示还原图 B、图 D 的生成过程，感受图 A 的等比缩小与放大，渗透六年级需要学的正比例知识）

【设计意图】以学生熟知的素材（班主任）入手，一方面突显"比"和生活之间的联系，另一方面也为"比"与"除法"二者之间沟通联系。其中，包括两种不同的"度量"：以较大量去度量较小量和较小量去度量较大量，分别得到"倍数"和"分率"，让学生在不知不觉中感受到"比"与"除法""分

数"之间的联系，从而建立相关表象。在"合理推理"中学习"比"各部分名称，感受类比迁 移的力量。最后，在对比分析中，引发学生的数学思考，切分开"比"和"除法"，进一步完善"比"的含义。

活动三：动态类比迁移，拓展"比的应用"

教师可以设计一些动态类比可迁移的问题，让学生在解决问题的过程中拓展对比的应用。

1.比的知识不仅可以解释图片"像不像"，生活中，还有广泛的应用。如鸡蛋羹（课件显示）。

2.生活中，你还见到过哪些比？

3.你知道人的身体上还有哪些比吗？（课件出示，指名读）

4.区别：数学中的比和赛场上的比分。（切分开："比分""差比"与"倍比"，让学生"理得清，想得通"，进一步深化"比"的意义）

5.介绍黄金分割比及应用，促进学生对比的意义的认识。

【设计意图】"比"的内容知识点较多，呈现出"散"的形态。要做到"形散神聚"，素材便应尽可能地一材多用。教学中，以鸡蛋羹、图画、比赛、黄金比等生活情境为素材，既丰富"比"的表达，又感悟到"比"的模型：同类量比较，建立最初"比"的数学模型，把生活中相关"比"内容"融合"在一起，进一步强化"比"和原有知识之间的联系与区别。

活动四：动态拓展应用，升华"比的价值"

教师可以设计一些动态拓展应用的问题，让学生在解决问题的过程中升华对比的价值。

1.在世界杯比赛中，甲队在一场球赛中以4：0的比分大胜乙队，4：0的后项为什么是0？（在此强调比分是属于相差关系，并不是数学上倍数关系的比）

2.小明的身高是1米，他爸爸的身高是175厘米，小明说，他和爸爸的身高的比是1：175.小明说得对吗？

3.应用：两杯蜂蜜水，第一杯中蜂蜜和水的比是（　　）：（　　），第二杯中蜂蜜和水的比是（　　）：（　　），哪一杯更甜？

第一杯

糖10 g
水80 g

第二杯

糖20 g
水120 g

【设计意图】积累解决问题的多样化策略，动态化打通"数学"与"生活"的联系通道，在用"比"解释生活中，进一步深化对"比"的认知，拓展其内涵和外延。同时，在服务生活中，体会"比"的数学价值：简洁、简便。"跳出数学看数学""跳出课堂看课堂"，并且有机地把"现在"和"未来"联通起来，体会数学应用的内部发展魅力。

案例 7：关注数量关系的本质，动态建构速度的模型

——"路程、时间与速度"一课教学实践

深圳市宝安区流塘小学 戴志军

【课例背景】

《义务教育数学课程标准（2022 年版）》强调会用数学的语言表达现实世界，在具体情境中，认识常见的数量关系，经历数学建模的基本过程，从现实生活或具体情境中抽象出数学模型。可见，需在具体情境中理清数量关系，经过实践活动探究发现规律，概括归纳提炼出数学模型，发展学生数学模型意识。《路程、时间与速度》是除法计算的拓展延伸，其内涵是比率。学生通过认识"速度"，明白速度随着路程、时间的变化而变化，初步理解数量关系和建立基本模型。如何让学生明白速度本质，理清三者之间的关系，建立模型呢？

本节课，教材创设了丰富的情境，如何呈现情境，让学生更加清晰？我将各类情境进行动态化的"切割、组合"：1. 在"小动物竞走比赛"中，不计算比较出猴子的速度最慢，初步认识数量关系。2. 将学生目光聚焦到"不同时间、路程，如何比较两者间的快慢"这一核心问题，理解速度表示 1 分的单位时间内走的路程，进而举例发现规律，建立速度的模型。3. 动态呈现、组合丰富的情境，结合切身体会，进一步理解速度本质。4. 以数学小探究为例，学生实践操作，明白速度的数学价值。

【学习目标】

1. 结合具体的问题，认识路程、时间与速度等常见的量，理解速度的意义。

2. 通过对实际问题的探索，掌握"速度 = 路程 ÷ 时间"这个常见的数

量关系式，并能运用其解决实际问题。

3.在解决实际问题的过程中，感受模型思想，进一步体会数学的价值。

【学习活动】

活动一：动态情境，认识数量关系

谈话引入，营造小动物竞走比赛的情境，并陆续动态呈现竞走成绩表。
（如下图）

竞走成绩表

	时间/分	路程/米
松鼠	4	280
猴子	4	240
小兔	3	240

图1

竞走成绩表

	时间/分	路程/米
松鼠	4	280
猴子	4	240

竞走成绩表

	时间/分	路程/米
猴子	4	240
小兔	3	240

图2、3

师：你能看明白竞走成绩表吗？（出示图1）

生1：第一列表示时间，第二列表示路程。

生2：松鼠用了4分钟，走了280米；猴子用了4分钟，走了240米

师：不计算，你能知道谁走得比较快吗？

生1：松鼠比猴子快，因为都是4分钟，松鼠走的路程比较远。（出示
图2）

生2：小兔比小猴快，因为都是走240米，小兔用的时间比较短。（出示
图3）

师：你们发现了在相同时间或路程的前提下，比较时间或路程的长短可
以迅速知道谁走得快，真了不起！

【设计意图】通过动态呈现、解剖情境图，让学生比较谁快，发现"走
的时间相同所走的路程多的走得快，走的路程相同所花的时间少的比较快"，
体会到路程、时间与速度紧密相关。

活动二：探究合作，构建速度模型

学生能迅速比较相同时间或路程下动物速度的快慢，但不同时间、路程下，怎么比较快慢？在本环节中，仅出示松鼠和小兔竞走成绩表，将学生关注点聚焦到思考怎么比较快慢，结合举例等资源明晰速度的概念，建立速度模型。

（一）比较快慢，认识速度

师：小兔和松鼠的时间、路程都不一样，怎样比较小兔和松鼠谁快呢？（出示图4）

竞走成绩表

	时间/分	路程/米
松鼠	4	280
猴子	4	240
小兔	3	240

竞走成绩表

	时间/分	路程/米
松鼠	4	280
小兔	3	240

（图4）

生1：我们可以先统一时间，再比较路程。比如将时间统一为12分，则松鼠能走 $280 \times 3 = 840$（米），小兔能走 $240 \times 4 = 960$ 米

生2：要是把它都变成相同的时间，那我们就可以比较路程得出谁快。

生3：是的，我们可以计算一下小兔和松鼠1分钟各自能走多少米

师：是啊，"比快慢"就是比"1分钟各走了多少米"，把松鼠和小兔的时间都变成1分钟，比较它们的路程即可，大家一起算一算"小兔和松鼠1分钟各自走多少米"。

生：小兔每分走：$240 \div 3 = 80$（米），松鼠每分走：$280 \div 4 = 70$（米），所以小兔走得快。

师：你真聪明，小兔每分走80米，就是小兔的竞走速度，表示为80米/分。松鼠和小猴的速度分别是多少？

生：松鼠的速度是70米/分，小猴的速度是60米/分

师：数学中，像这样每分走70米、每分走80米，我们称它为"速度"。

（二）发现规律，建立模型

师：我们回顾下如何得到3个小动物竞走速度的，如果速度没有直接给

出，可以怎样求？大家以小组合作形式，举例说明

生1：我举的例子是，小鸡7分钟走了280米，那速度就是280÷7=40（米/分）

生2：我举的例子是，小猫6分钟走了360米，那速度就是360÷6=60（米/分）

师：请同学们联系表格与算式，你有什么发现？

生1：速度的大小和路程、时间有关。

生2：我发现不管路程和时间是多少，速度都是用路程除以时间，也就是速度＝路程÷时间。

师：你们都有一双善于发现的眼睛。计算速度时，可以用式子：速度＝路程÷时间，得出速度是多少。

（三）对比辨析，明晰意义

师：刚有位同学在比较快慢时，认为将时间统一为12分，则松鼠能走280×3=840（米），小兔能走240×4=960米，这个840米、960米是速度吗？为什么？

生1：是速度，因为通过计算可以比较快慢

生2：不是速度，因为速度＝路程÷时间。

生3：速度表示每分钟走多少米，840米和960米都表示走了有多远，属于路程。

生4：我也觉得不是速度，速度是表示快慢；840米、960米都是路程，这种方法是通过比较相同时间内路程长短来表示快慢。

师：同学们很会对比、分析，速度表示1分的单位时间里走的路程。

【设计意图】通过有趣的问题情境，以核心问题"怎样比较小兔和松鼠谁比较快"将学生思维聚焦到比较速度这一数量关系，经历观察、探究、合作、发现规律，建立速度模型。借助生成资源，再次辨析，明晰速度表示单位时间内走的路程。

活动三：关联生活，理解速度本质

速度是抽象的概念，对于学生来说是陌生、不好理解的。在本环节中，

创设丰富的情境，结合学生切身体会，通过"算一算、比一比"的活动，深入理解速度的本质。

师：生活中许多事物都有速度，观察下图，你有什么发现吗？（出示图5）

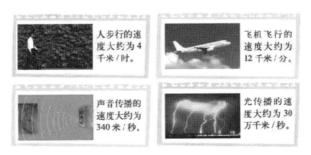

（图5）

生1：340米/秒，表示声音传播速度每秒能传播340米

生2：12千米/分，表示飞机每分能飞行12千米，4千米/时，表示人每小时能走4千米。

生3：速度的单位都有时间和路程。

师：是的，像这样每时、每分、每秒等单位时间内走的路程就是速度。声音的传播速度是340米/秒，到底是多快？你能结合生活经验，具体说一说吗？

生：我们的操场跑道是200米的，相当于声音1秒能走接近2圈的操场。

师：我们跑一圈要多久（大概要40秒），跑两圈大概要80秒，而声音仅需1秒就能走完2圈，大家觉得快吗？

生：非常快，那这么说光的传播速度快得不可思议！

师：大家可以算算，光传播1秒，能走完多少圈操场跑道呢？

生：30万千米/秒等于300000000米/秒，再除以200，约等于1500000圈，哇！光一秒能走完1500000圈操场！

师：是啊，光的传播速度远远快于声音、飞机和人步行的速度。你们还有什么疑问吗？

生1：飞机的速度是12千米/分，与声音的单位不同，我怎么转化呢？

生2：声音的单位是米/秒，我们可以将飞机的速度也变成以秒为单位，

12 千米 / 分相当于 1 分钟走 12 千米，1 分里有 60 秒，12 千米等于 12000 米，12000÷60=200，所以飞机每秒行 200 米，速度是 200 米 / 秒。

师：你们真会提问和思考。当单位不同时，我们可以根据进率和换算方法，得出物体每秒、每分、每时等单位时间内走的路程，再进行比较。

【设计意图】以丰富的实例，帮助学生充实对"速度"概念的认识和理解。借助"跑一圈 200 米的操场要多久"，让学生运用想象、模拟等方法，通过算一算、比一比，进一步深入理解速度表示快慢且随着路程、时间的变化而变化，体会速度概念的丰富内涵。

活动四：拓宽应用，深化速度价值

路程、时间、速度与生活息息相关，在本环节创设数学小探究活动，让学生经历测算、思考，体会速度的现实应用价值。

师：同学们，学校关校门时间是 8：20，请问你从家到学校最迟要几点出发才不算迟到呢？需要知道哪些信息呢？

生 1：我觉得需要知道从家到学校的路程。

生 2：还要知道学校校门到班级的距离。

生 3：需要知道自己走路的速度是多少。

师：你会怎么测算路程？

生：用尺子量、网上查找资料、用脚步量……

师：那你走路的速度呢？

生 1：可以在体育课上，测算下自己 1 分钟能走几步。

生 2：测量走 100 米需要多少时间。

生 3：测量 1 分钟走多少米或者跑多少米。

生 4：是的，万一计算不准确，我还可以跑一跑，加快脚步等。

师：同学们，你们很善于解决问题，会综合考虑各种情况。现在请根据"最迟几点从家出发，保证自己在 8：20 前到班"为题，设计一份数学小探究。

【设计意图】以探究"从家到学校，最迟几点出发"的现实需求为例，结合"速度＝路程÷时间"和对速度的理解，大胆让学生操作、思考，通过"测量走路和跑步速度、家到学校的距离"等实践操作，在应用中让学生真正体会到速度的现实价值，感受数学的魅力。

案例 8：数学 + 绘本，让学生在读中因"动"而学

——"认识图形"一课教学实践

深圳市宝安区西湾小学　陈永畅

深圳市宝安区海城小学　周宝媚

当前对数学绘本的使用多重在"读"，那如何利用数学绘本中生动有趣的故事情境与动态的故事交互情节来弥补数学知识的枯燥与抽象，为绘本与数学知识搭起一座联系桥梁，真正做到既尊重了数学的学科本质，又增加了学生的学习兴趣，让学生在有趣的故事情境中探究，在探究中去体验与感悟数学的思想，实现基于教材知识体系的"骨"上添"肉"的目标。下面笔者以北师大版一年级下册"认识图形"一课为例，设计如下学习活动。

【课例背景】

认识图形是基于学生已认识了立体图形，利用"面在体上"的特性，进而带领学生去认识正方形、长方形、三角形和圆，要求体现从"三维空间"到"二维空间"过渡的特点。而如此抽象的内容如何让学生真正地掌握，又能开展有效的探究呢？

教材设置的情境不能引起学生的兴趣，而且没有整体性，而《谁偷走了西瓜》这个绘本故事给了笔者很大启发，如何对故事情节进行有效改编，融入更多的数学知识，让绘本为学生的学习服务？又如何把静态的情境变成动态生成的、交互的学习活动呢？因此利用西瓜失窃案的故事情节，让学生经历"面在体上""从体得面""由面还体""物中有面"四个学习活动，让学生在完整的故事情境中去探究和思考，在动态的学习过程中发展思维、提升能力，进而习得解决问题的方法、思想和思维。

【学习活动】

活动一、西瓜失窃，建立图形表象——体验"面在体上"

师：立体图形王国里发生了一宗盗窃案，我们一起去看看吧。

播放视频（立体图形王国里的球球有一片肥沃的西瓜地，可一天晚上，瓜地里来了一个小偷，偷走了西瓜，球球很恼怒，于是决心找到这个小偷。）

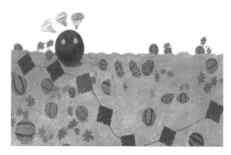

师：通过刚才的视频，猜一猜，小偷是谁呢？长方体？正方体？圆柱体？

此时学生们心里可能有各种各样的答案，但是老师不急于揭示答案，而是顺势感受故事情境的发展，让学生的探究欲望得到激发。

【设计意图】这个环节学生在动态的情境中观察、思考，留意情境中留下的任何"线索"，链接自己对立体图形的认知，唤醒对立体图形的元认知，更重要的是一个有趣的故事，让学生能置身其中，真正地参与到课堂中来，触发他们的深度思考。

师：孩子们，球球想要留下居民们的脚印来比对，你能帮帮他吗？

生1：画下来。

生2：印下来。

师：你们瞧，它们也来到了我们的现场，让我们根据提供的材料和合作要求，选择你喜欢的方法留下它们的脚印吧。（提供立体图形、橡皮泥、印泥、剪刀等工具。）

生1：用纸罩在这个面上，把脚印剪下来。

生2：往橡皮泥上一摁就有一个脚印了。

生3：把立体图形印一下印泥再印在纸上。

生4：把立体图形放在纸上，沿着边描出来。

……

学生们选择喜欢的方式动手操作，描下了正方形、长方形、圆形、三角形几个平面图形。

【设计意图】学生带着帮助球球的想法去动手，把看似简单的操作活动变得有目的、有计划，更让活动变得有趣有味，并且学生在剪、印、描等动手操作活动中，逐步建立起四种图形的表象特征，并感受到"面在体上"的内涵，实现"三维空间"到"二维空间"的转化。这一动态参与的过程就是知识产生的全过程，就是思考打开的大环境。

活动二、罪犯甄别，深化图形表象——感受"从体得面"

师：孩子们，刚刚我们都一起动手帮助球球留下了居民们的脚印，现在你能确定谁是小偷了吗？

生1：一定不是三棱柱，因为它留下的是三角形或者长方形。

生2：也不可能是圆柱，因为我们印下的是圆形。

生3：因为留下的脚印是正方形，所以小偷应该是正方体。

师：那可能是长方体吗？（拿出长方体展示）

再通过仔细观察很多孩子恍然大悟：也可能是长方体，因为这个长方体上也有正方形。

【设计意图】学生通过观察从体上抽象出来的面，再将其与西瓜地里留下的脚印进行对比，这时学生把体与面建立起了初次的联系。而且这个环节通过学生动手操作，充分感受"从体得面"的过程，在师生对话、生生对话中帮助球球甄别罪犯，学生在不断修正自己对平面图形的认识，在一次次的冲击中，他们越来越明晰平面图形的特征，深化了图形的表象认知。

活动三、悬案征破，形成空间观念——经历"由面还体"

师：到目前为止，球球还是不能确定正方体和长方体究竟谁是西瓜大盗，看来我们还得帮帮它。

师：为了找到罪犯，球球再次回到现场，它仔细寻找后发现在不起眼的地方还有小偷摔跤留下的身影（长方形），那现在你们能确定谁是小偷了吗？

生：长方体。

师：球球为了下次不再吃亏，于是还想大家帮它找找如果是这些脚印，那能快速找到小偷吗？如果脚印是三角形呢？如果脚印是圆形呢？

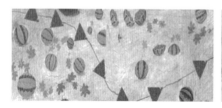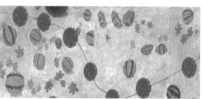

通过刚才的分辨经验，可能很多孩子都能很快地把面还原到立体图形上，于是都能找到是三棱柱和圆柱。

【设计意图】上一个环节是从体中得到面，而这里是把面又还原到立体图形中，实现了思维的双向转变和碰撞，这打开了学生的空间想象，让学生体会到"面"又回到了"体"上的整个过程，他们的脑海中也不断地浮现和回忆出立体图形中的每一个面，让"面"与"体"再次建立联系，实现图形特征认识的第二次飞跃，促使空间观念在思维冲击下形成。

活动四、美食分享，发展空间观念——寻找"物中有面"

师：球球高兴极了，因为它不仅抓到小偷，还学到了新知识，于是它决定邀请朋友们一起到家里分享美食吃西瓜。

学生也都满怀羡慕，学习热情未消退。

师：可是回到家后，细心的它发现原来它的家里也有今天我们学到的新朋友呀！你发现了吗？

生：钟面是圆形的，柜子有长方形……

师：那我们的家里，我们的学校里有新朋友吗？你能说一说吗？

生1：教室的门窗上有长方形。

生2：墙壁的瓷砖上有正方形。

生3：我们吃饭用的碗里有圆形。

……

【设计意图】把枯燥的练习变成了有趣的问题情境，变成了不像练习的练习，但学生却乐在其中，孜孜不倦。这也让学生体验到了只要用心观察，我们生活处处有数学，因此把课堂延伸到课外，把书本联系到生活，将带给孩子更大的学习和思考的空间，从而进一步发展学生的空间观念。

【教学特色】

好奇、热爱探究是一年级孩子的天性，因此自始至终利用西瓜失窃案的故事情节，让学生经历"西瓜失窃""罪犯甄别""悬案侦破""美食分享"一环扣一环的探究活动，通过动手操作、动眼观察、动口描述等活动让孩子们充分体验面与体的密切联系，真正地认识这些平面图形。纵观整节课设计，我认为有两大特色：

1.学习内容情境化——玩中有悟

抓住小学生好动、好奇、好玩等心理特点,对教材结构进行重构,设计"西瓜失窃案"的故事情节贯穿整节课,四个环节自然流畅,内容呈现丰富有趣。连串的情景持续激发孩子们的学习兴趣,随着故事的推进,孩子们的学习也在逐步推进。学生玩得开心、玩得过瘾,并且在玩中去认识平面图形,去感悟平面图形的特性,从而使学生的空间观念得以发展。

2.探究活动游戏化——悟中促思

教学中注重让学生充分体验,逐步感悟,突出了学生获得知识的全过程。采用剥笋的方法,设计"面在体上""从体得面""由面还体""物中有面"层层递进的游戏活动,从不知到知之,从模糊到清晰,让学生悟得明白,悟得到位,思维也在不断的冲击中一点点发展起来,让学生玩得开心,悟得到位,也在体验中去认识图形,发展思维,让智慧之花跳动在学生的手指尖上。

【教学反思】随着课程改革不断深入,教师们已经意识到让学生体会到数学的学科价值的重要性,但在现实教学中,我们发现孩子们对数学望而却步,甚至是厌恶、害怕。那是什么原因造成当今局面?又该如何扭转此局面?笔者一次偶然的机会遇见了"数学绘本",做了一些融合尝试后发现或许"它"应该是激发学生数学学习兴趣的媒介之一,也正因为绘本与数学的碰撞才有了更多的精彩与火花。

绘本有"味"

数学绘本图文并茂,以贴近生活的趣味故事、色彩丰富的直观图画呈现数学知识,顺应了第一学段儿童的心理和学习发展规律,更能激发他们对于数学学习的兴趣也培养了他们的想象力和思维逻辑能力。它给孩子们营造了一个现实的问题情境,让学生在西瓜失窃的完整故事情境中通过"印""辨""思""找"的活动去逐渐地明晰平面图形与立体图形的联系和其本身的特征,这其中让学生回"味"无穷,品"味"不尽,也真是给绘本赋予了"数学味",使学生的数学学习与绘本阅读变得更加深入和有效。

数学好"玩"

数学等同于做题，这应该是大部分学生对数学的印象。但是当绘本与数学相遇后，多了一种可能，认识平面图形的特征变成了破西瓜盗窃案。任务式、操作型、趣味化的故事情境与探究任务让学生不断地动手操作、动脑思考。如此一来，数学的学习不再是"纸上谈兵"，而是有"故事"，有"活动"，有"味道"，并且把枯燥变成了"好玩"，把文字变成了"音符"，从而奏响了数学学习的另一种可能。

教学组织：表达深化理解

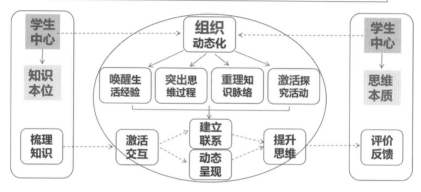

小学数学教材内容动态化呈现流程图（二）

教学组织动态化，能让知识探究产生思维碰撞。教学组织的动态化旨在唤醒生活经验、突出思维过程、重理知识脉络、激活探究活动，在知识梳理中建立联系，实现交互，从而提升思维。良好的教学组织能深化理解、优化表达、碰撞思维、形成体系，真正地调动学生的主动性，以动促静、静中有动、动静结合，让组织过程可见、可操作、可发展。

案例 9：让数据会"说话"，让对话能"生思"

——以跨学科"数据会'说话'"教学实践为例

广东省深圳市宝安区天骄小学　袁伯维

【课例背景】

《义务教育数学课程标准（2022 年版）》指出，注重信息技术与数学教学的融合，教师可以利用信息技术对文本、图像等进行综合处理，丰富教学场景，促进学生对数学概念的理解和数学知识的建构。人工智能时代，信息技术已成为人们生活不可或缺的一部分，应用信息技术解决问题的能力也已成为人们必不可少的素养。由此可见，将信息技术融合到学生的数学学习中，不仅是新课改的一场跨学科探索，也是培养学生综合素养的重要途径。

如何更好地呈现跨学科主题学习的"真实性"。首先，我选取了五年级下册第五单元"概率与统计"内容为载体，改编教材文本情境，创设学生喜欢又熟悉的社会实践活动地点调查的情境，并经历收集、分析数据的过程，体会数据蕴含的价值。其次，将信息化技术融入到数学学习的情境里，使其成为学生解决问题的重要工具，让技术支持下的动态变化的数据统计图表成为"真实"的学习场景，激活学生的学习兴趣，促进对统计知识的建构，并参与跨学科融合式学习。

【学习目标】

1. 主动参与班级社会实践活动地点问卷调查活动，经历数据的收集、分析过程，体会数据蕴含的价值。

2. 通过数据图表的交流分析，初步形成数据分析观念与数据解读能力。

3. 能利用信息技术开展其他方面的统计活动，解决生活中的问题，感受人工智能时代的大数据作用。

【学习准备】

小组分工（组长、信息员、汇报员、记录员）、网络问卷制作、多台 surface 电脑、学习单

【学习活动】

活动一：解读数据，感知数据会"说话"

人工智能时代，数据的应用价值无处不在。上课一开始，首先激活学生已有经验来解读数据，感知数据会"说话"。

师：同学们，屏幕上的数字蕴含着老师的个人信息。你能读懂这些数据的含义吗？ PPT 出示：教师生活照片（1985、05、170）

生1：我猜：数据指的是老师 1985 年 5 月出生，身高 170 厘米。

师：你猜得没错。这组数据表示了老师的出生年月及身高的信息。你们知道吗？数据不仅能表示个人信息，还能表示一个城市发展情况，甚至是一个国家的经济实力（播放改革开放 40 年中国经济总量变化视频）。

师：看完这个视频，同学们有什么感受？

生2：世界银行的统计数据表示我国经济总量不断提高，现在跃居世界第二。

生3：我刚刚边看视频，心里边在为祖国呐喊加油"厉害了，我的国！"（班级掌声响起来）

【设计意图】 课前引入个人基本信息和国家经济发展的数据，让学生初步感知数据会说话，感受到无论是生活中的小数据，还是世界的经济数据，都蕴含着丰富的信息。同时，从感知中国经济快速发展的数据中，根植学生的家国情怀。

活动二：收集数据，明晰数据怎样"说话"

创设以学生感兴趣的社会实践地点为"真实"情境，同学们想去什么地点？如何合理选择地点？让数据说话并发挥预测功能：数据大则表示想去的人多，数据小则表示想去的人少。

师：同学们，还记得东莞银屏山开展的军训实践活动吗？（出示军训学生图片）军训活动增强了大家的毅力品质、自理能力等生活素养。下学期的社会实践活动，你们还想去军训吗？

生1：不想，太辛苦了。（全班笑）

生2：我想去深圳欢乐谷。痛痛快快地玩一场刺激游戏。

生3：我想去锦绣中华民俗村，了解中国民风民俗。

生：……

师：看样子，好玩的地方真不少，想去的地方也真不少。同学们想去这么多社会实践地点，你认为学校该如何合理地选择本学期社会实践的地点呢？

生1：我觉得可以开展一次调查。哪个地点选择人多，就去那里。

师：你们同意他的方法吗？

生2：我同意。少数服从多数。这是集体活动中一个重要的原则。

师：那该如何开展全校调查呢？小组间交流一下。

生1：我认为可以来一场投票活动。

生2：全校那么多学生，怎么投票呀？太难了。

生3：我有好办法：投票，用微信群投票。（同学们笑）

生4：我们没有微信账号。（同学们笑得更大声）

师：微信投票确实是生活里我们常用的统计技术手段。那有没有其他好办法？

生1：我们在信息科学课堂上学过"问卷星"投票制作。

生2：可以现场做一个。

师：我从学校教导处获取到"学生社会实践"有12个实践场域、6大课程。让我们一起在问卷星问卷网上先制作出"社会实践地点大调查"网络问卷。

生3：现在可以利用电脑开展调查了。

师：没错。请大家一起看问卷调查要求：（1）请根据自己的兴趣选择实践地点；（2）小组信息员操作电脑，组员逐一完成问卷填报；（3）提交问卷后，点击"提交另一个回复"给下一位同学参与；（4）一人一票，不可以重复投票。

【设计意图】社会实践活动是学生再喜欢不过的话题。借助信息技术问卷星网开展社会实践地点的调查，让学生亲身经历收集、整理数据的过程，感受到信息化技术给生活带来的便利。同时，问卷星动态生产的问卷数据，更加激发了学生对学习的兴趣及解决问题的积极性，进一步促使学生理解数据可以用来描述现象、解决问题和做出预测等作用，体会数据分析是统计的核心。

活动三：整理数据，感悟数据的"决策力"

感悟技术带给统计的便捷性，同时在挖掘数据、分析数据和表达数据过程中，体会数据蕴含的价值，感悟数据的决策力。

师：同学们，请看技术的力量。大数据后台已经将同学们的调查数据做了汇总。谁能读懂后台数据中的哪些信息？

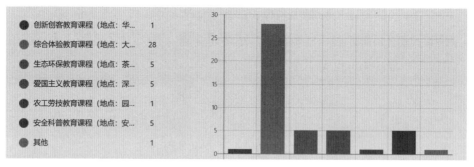

生1：橙色条形柱状图表示综合体验教育课程，选择的人数最多。

师：让人一眼判断数据统计情况。

师：我们知道了全部统计数据后。接下来，需要对数据进行分析，请记录员将全班数据填报在学习单上。

（1）数据汇总：选择（　）课程最多，选择（　）课程最少。

（2）数据分析：全班选择最多的课程与我们小组预测（　）（一样/不一样）。出现这种情况的原因是什么。

（3）数据决策：结合调查数据，你将给学校推荐哪个社会实践活动课程？为什么？

师：请各小组汇报员汇报你们小组的发现。

生1：从选择综合体验教育课程人数最多的数据来看，我建议学校组织社会实践地点应该去欢乐谷。

生2：我觉得农工劳技教育和创新创客教育课程选择的人最少，这学期的社会实践不应该组织到这些基地学习。

师：你们觉得他说得有道理吗？把掌声送给他。

【设计意图】结合调查数据，你将给学校推荐哪个社会实践活动地点？为什么？通过设置悬念，再组织学生充分的交流与思维的碰撞。发现如果用一个班级调查数据来代表全校社会实践活动课程，显然是不具有说服力，让他们感受到数据在日常生活中的"决策力"。

活动四：选取数据样本，感知统计思想

调查作为一种研究的方法，样本量多少将影响到调查的精确性。引导学生了解调查方法，有助于理解数据应用场景的不同功能，感知统计思想。

师：请看五（3）、五（6）班学生综合实践活动复式条形统计图。你会给学校推荐哪个社会实践活动地点呢？为什么？

生1：我发现五（3）班的选择跟我们班的不同。他们选择创新创客教育课程的人数最多，选择农工劳技教育课程最少。

生2：我觉得开展一两个班调查不具有代表性，应该整个五年级学生都要参加问卷调查。

生3：我认为调查一个年级学生数据还不够，要开展全校的数据调查。

生4：我觉得不用那么麻烦。学生年龄段不同，喜欢社会实践的地点肯定不同。我反而建议对低年段一、二、三年级学生开展调查，对高年段四、五、六年级学生开展调查。

生5：这样也是全校开展调查呀！可以高低段各抽一个年级学生调查。

生6：像我们今天这样，面向全校学生开展很有必要，每个人都可以选自己喜欢的社会实践活动内容。

师：同学们，你们真的很有想法。刚刚表达的调查方法，在统计学中，面向全体学生开展调查的统计是"全面调查"的统计思想。抽一个年级学生开展调查的统计是"抽样调查"的统计思想。这两种统计思想针对不同的统计对象都有其科学性。

师：像四年级"国家义务教育质量检测"调查属于抽样调查，像开展班级学生最喜欢的课外书调查属于全面调查。由此来看，刚刚同学们所表达的方法都有道理。

师：同学们，我们就用"抽样调查"的数据，给学校一份秋季学生社会实践地点数据报告，供学校参考。

师：接下来，大家再想一想，生活中还有哪些地点需用数据说话？可以怎么收集这些数据？

生1：我想开展同学周末学习和玩游戏的时间调查。

生2：我想开展同学生日月份调查。

生3：我想调查同学们穿的鞋子码数调查（全班笑）。生接着补充，你们不要笑。我们家开儿童鞋店，调查出的数据有用。

师：（竖起大拇指）数据来源于生活，应用于生活。为你的想法点赞。

……

师：课后，请同学们根据想调查的内容，设计出调查项目，利用"问卷星"开展一次网络调查和数据分析。下一课，我们来一场"数据发布会"。

【设计意图】为让学生进一步体会到统计的复杂性，对统计原理有初步的感知，经过一两个班级调查数据不能代表全校同学的数据讨论，感知"抽样调查""全面调查"的统计思想。最后，鼓励学生探寻生活中采集的例子，体现数据在生活中的应用价值。

案例10：动态演绎 整体关联 感悟运算一致

——"回收废电池"一课教学实践

深圳市龙华区龙为小学 吴黎纹

【课例背景】

2022年版课标中提到数的运算重点在于理解算理、掌握算法，学生要感悟数的运算以及运算之间的关系，体会数的运算本质上的一致性——计数单位的"累加"，形成运算能力和推理意识。史云鹏教授在新课标解读中提到，对于"计数单位"这一核心概念，第一学段的学生只需要能够说出不同数位上的数表示的数值，第二学段了解十进制计数法，到第三学段再感悟计数单位。第一学段的学生，只接触了关于整数的加减法，二年级下册第五单元《加与减》是学生学习整数加减法的最后一单元（三年级是学习算律）。面对旧教材、新理念，在该单元我们应该如何联结知识，让学生"体会数的运算本质上的一致性"？如何顺应学生发展，引导学生进行"算理的探索"，让学生由"掌握算法"纵向深入至"理解算理"？

笔者对教材进行了个性化处理，通过问题引导和学习活动将教材静态的呈现内容变成学生动态的思维发展。以《回收废电池》为例，笔者将教材中的问题情境动态化呈现，使学生聚焦关键驱动问题——哪两个班回收的废电池数加在一起可以获奖，进而开展算理的探究，动态多元表征，让学生走向"算理理解"，并进行两次联结：动态横向链接——多种算法关联，动态纵向建构——两位数、三位数加法运算一致性，让学生体会到整数的运算本质上的一致性，形成运算能力和推理意识。

【学习目标】

1. 借助口算或数线、计数器等直观模型，探索并掌握三位数加法的计算方法，经历与他人交流计算方法的过程，理解多位数加法的计算道理，并掌握计算方法，发展运算能力；

2. 能结合解决问题的过程，体会估算的作用，发展数感；

3. 结合具体情境，能提出三位数加法问题，发展提出问题和解决问题的意识和能力，进一步体会加法计算与实际生活的联系，培养应用意识；

4. 初步感悟加法运算的本质——相同计数单位的累加，发展推理意识。

【学习活动】

活动一：动态呈现情境，聚焦"驱动问题"

视频导入，学生了解到回收废电池的必要性，引出淘气和笑笑学校收集废电池兑奖的问题情境，并动态呈现数学信息（如下图）。

二年级回收废电池情况

班级	数量/节
（1）班	122
（2）班	77
（3）班	149

二年级回收废电池情况

班级	数量/节
（1）班	122
（2）班	77
（3）班	149

回收奖励

200节废电池奖励10把手电筒
240节废电池奖励1个足球

师：同学们，为了保护环境，淘气和笑笑的学校开展了回收废电池活动，看这是他们学校的收集情况（出示表格）。

师：为了鼓励大家多收集，学校还设置了奖励（出示回收奖励）。

师：请你们说一说都发现了哪些数学信息，并尝试提出一个数学问题。

生1：哪两个班回收的废电池数加在一起可以获奖？

生2：（1）班和（2）班回收的废电池数还需要多少可以获奖？

生3：（1）班和（3）班回收的废电池数加在一起可以获奖吗？

……

师：不计算，你们觉得哪两个班回收的废电池数加在一起可以获奖？

生1：我觉得（1）班和（3）班回收的废电池数加在一起可以获奖，因为（3）班已经有快150节了，（1）班又有一百多，加在一起都要超过240节了。

生2：（2）班和（3）班的废电池数加在一起也可以获奖，（3）班差不多是150节，再加上50节就有200节了，而（2）班有77节，所以肯定可以获奖,但是应该还没有到 240 节。

【设计意图】教材主情境图包含的信息较为丰富,根据学生学情与教学目标,将情境进行动态化呈现,使学生思考问题的方向聚焦于"回收废电池数量"与"回收奖励"之间的联系,在认知驱动下,学生潜意识中自然而然进行了估算,发展了数感与估算技能。

活动二:动态"多元表征",走向"算理理解"

不少学生能够将计算 100 以内数的加减法的经验迁移到这节课,能够计算三位数的加法并对其算理有自己一定的理解,但是在本质上并没有形成联结,对不同表征形式的算法并不能发现其中的联系。如何顺应学生发展,引导学生进行"算理的探索",让学生由"掌握算法"纵向深入至"理解算理"?笔者进行了以下教学实践。

师:刚刚我们估计了哪两个班回收的废电池数加在一起可以获奖,那现在我们就来算一算两个班到底回收了多少废电池。

出示问题:(1)班和(2)班一共回收了多少节废电池?

师:请你们在学习单上算一算,写清楚你是怎么算的?算的过程中有什么需要注意的地方?写完和同桌交换看一看,互相交流想法。

老师巡堂并发现相关作品。

师:老师发现大家主要是这 3 种方法,我们来看第一种方法,你们能看懂吗?

请学生上台指着说。

师:2+7=9,20+70=90,100+90+9=199;竖式计算;数线

生 1:2 和 7 分别是 122 和 77 的个位,个位上的数相加,所以是 2+7=9,20 是从 122 中分出来的"整十",70 是从 77 里分出来的,所以是 20+70=90,最后再 100+90+9=199。

师:他这样算可以吗?为什么呢?

生 2:他把数字拆成了个位上的数、十位上的数,还有百位上的数,然后再个位和个位相加,十位和十位相加……

师:这样做有什么好处?

生 3：更好算，就变成我们之前学过的 10 以内加减法、整十加减法了。

师：我们来看还有同学是用竖式计算的，请他来说一说是怎么算的。

生 4：我是想到一年级老师教我们的竖式，所以我是用竖式加起来算的。

师：你可以指着你的竖式，和大家说一说你每一步是怎么算的吗？

生 4：122+77，2+7=9，2+7=9，然后百位是 1。

师：这两个都是 2+7=9，它们表示的意思一样吗？

生 4：不一样，这里（第一个）的 2+7 是个位上的数，第二个 2+7 是十位上的。

师：所以第一个 9 表示？

生 4：9 个一，第二个 9 表示的是 9 个十。

师：哪个同学听懂了？请你上来边拨计数器，边和大家说一说每一步的计算过程。

师：我们今天要学的内容就是用竖式计算三位数的加法，我们一起把黑板上刚刚用竖式解决问题的过程记录下来。

教师再次引导学生说竖式计算过程，同时在黑板规范书写，并提醒需要注意的地方。

师：还有一种方法是这样的（出示数线图），你们能看懂吗？

生：这是把 77 拆成了 70+7，先算 122+70=192，再把 192+7=199。

【设计意图】巡堂发现，学生用的方法主要有两种：第一种是学生根据自己对数的意义理解产生的，第二种是学生根据已有学习经验，由旧知迁移产生的。课标解读中提到，算理的探索就是依据四则运算和整数的意义说明运算的算理，进而形成算法[1]。因此笔者先呈现第一种，用自己的语言与表征方式说明运算的算理，在这个过程中初步感悟"相同数位上的数相加"，再呈现经过"训练化、规范化"的第二种方法——竖式计算，并使用"语言表征—实物模型表征—符号表征"多种表征方式，使学生思维动态化，由"掌握算法"自然滑向"算理理解"。

活动三：动态横向链接，感悟"算法关联"

将学生先有的概念与新知建立关联，学生在感悟、对比不同算法的过程中，进一步触碰到加法运算的本质——计数单位的累加，深化对算理的理解。

师：同学们，你们发现这几种计算方法有什么相同的地方吗？

生1：都是把数字拆成个位和个位、十位和十位、百位和百位。

生2：都是先从个位相加，再十位相加。

师：都是把相同数位上的数相加，其中竖式是最简洁的。

师：最后结果都是199，比200小，这两个班级回收的废电池合在一起不能获奖。刚刚有同学提到（1）班和（3）班回收的废电池数量不一定超过240节，接下来就让我们在学习单上算一算吧！

生1：我是列竖式计算的，122+149，先从个位开始算，2+9=11，要进"1"，2+4再加这个"1"等于7，1+1=2，所以是271。

生2：我是这样算的，2+9=11，20+40=60，100+100=200，200+60+11=271。

师：这个竖式和黑板上的有什么不同的地方吗？

生1：它个位上的数相加满十了，要进"1"。

师：你可以用计数器拨一拨吗？

生1：先在计数器上拨出122，个位上有2颗珠子，加上9，因为149个位上是9，就需要在个位上再拨9颗珠子，9+2=11，超过10了，要往十位进"1"，所以个位上拨走10颗珠子变成十位上的1颗珠子，个位上还剩1颗珠子。

【设计意图】学生的原生想法就像一粒粒细碎散乱的珍珠，通过引导学生比较、归纳其中的共同点，即教师拎出"相同数位相加减"这一条"线"，将珍珠连缀在一起，组成一个有机的整体，动态建立横向链接，打通算法多样性的"筋脉"，使学生思维畅通"形散神聚"，感悟"算法关联"；教学要有"轻"有"重"，在学生计算三位数进位加法"122+149"时，尊重儿童数学自然语言生长的力量，重在让学生自主迁移与表达，教师借势引导，凸显重点"满十进一"，巩固算法，深化"算理理解"。

活动四：动态纵向建构，体会"运算一致"

小学阶段关于整数加减法运算的学习分为四个层次：

内容	内容分布
10 以内数的加减法	一年级上册第三单元
20 以内数的加减法	一年级上册第七单元、一年级下册第一单元
100 以内数的加减法	一年级下册第四单元、第六单元
三位数加减法	二年级下册第五单元、三年级上册第三单元（混合运算）

北师大版教材将整数划分为 10 以内、20 以内、100 以内到三位数这四个层级，并且到了第四层级要求学生能够在原来学习基础上直接迁移到整数的加减法，因此对于二年级学生，学习本单元要感悟"数的运算之间的关系"指的是：100 以内的数与三位数的加减法之间的关系，即不管几位数的加减法，其本质是一致的——相同数位上的数相加减，"运算之间的关系"指的是整数加法和整数减法运算一致，即都是"计数单位的'累加'"。

师：你们太棒了！虽然你们学习过三位数加法的计算，但是你们通过运用所学过的知识想出了自己的方法解决。

师：你们发现三位数加法和我们之前学习过的 100 以内的加法计算方法有哪些相同的地方呢？

生 1：都是相同数位要对齐，然后再把个位上的数和个位上的数相加，十位上的数和十位上的数相加、百位上的数和百位上的数相加。

生 2：满十要进一。

师：那四位数加法？五位数呢？

师：是的，所有加法计算都是一样的道理

师：同学们，其实，整数减法的计算道理和加法也有相同的地方，请你们课后在解决下面两个问题的过程中思考。

（2）班和（3）班一共回收了多少节废电池？这些废电池可以兑换到足球吗？如果不可以，还差多少？

（3）班比（1）班多回收了几节废电池？

【设计意图】通过纵向建构，对学生的旧知与新知进行第二次联结，让学生感悟到"整数加法运算的一致性"，并通过课后思考题，建构起单元整体框架，学生在这个过程中，认知结构由原来的"单一割裂的点状学习"转变为了"整体建构的网状学习"。

【参考文献】

[1] 曹一鸣.新版课程标准解析与教学指导 [M].北京：北京师范大学出版社，2022.8

案例11：以趣化疑　让知识自然生成

——"'时、分、秒'单元复习"一课教学实践

深圳市龙华区龙为小学　吴黎纹

【课例背景】

"时、分、秒"是北师大版数学教材二年级下册第七单元的内容，本单元主要难点在于体验时间长短，发展学生量感，认识接近整时的钟面时间以及计算像"10：50-11：15"这样的跨整时经过时间。

尽管时间与学生生活息息相关，但是学生对于时间的长短认识模糊，存在粗糙、不准确的"量感"，因为在现实生活中，大多时候都是大概、随意地说"等我5分钟""再玩1分钟"，这些不准确的生活经验都对学生建立起正确的时间长短感知形成了障碍，产生了负迁移；时针区间读法与分针按点读法的不同也增加了学生学习的认知负荷，时间的抽象性及钟表的复杂结构更是让学生在计算经过时间时感到困难。

每课时如何进行重难点突破已有成效的针对性研究，如蔡惠贻教师通过将钟表与尺子类比，并将认读时间拆成认读时针和分针两部分，帮助学生建构时间模型[1]；罗礼红教师进行对比研究，探索出一条能够有效提高学生对时间长短的感知、经过时间的理解的教学路径[2]……但是学生已有认知经验无法靠一节课推翻，学生都知道时针走一大格时，分针走一圈，那为什么在认识接近整时时还会出现这种错误呢？知道时针和分针运动所对应的时间，为什么在遇到根据给定时间画钟表的题目时依然错误频出呢？

纵观该单元的学习过程，我们可以发现为了降低学生的认知负荷，教师依据教材，将认识钟表的知识进行了切块讲解，学生在这个过程中循序渐进地学会了关于认识钟表的陈述性知识与程序性知识，但是此时对于学生来说，知识是割裂的、惰性的，钟表的知识堆满了学生的脑袋，但由于缺少知

识的结构化，学生无法整合脑海中一个个孤立的知识点去解决问题，"只见树木，不见森林"知道时针在动，分针也在动，认识时间时各看各的（如右图），只是机械地记住了"时针与分针联动"这个概念，因此很有必要在学生学习完该单元后安排一节复习课，串联学生知识体系，"坚实"学生的思维结

构。笔者延续整个单元时钟王国的情境，将绘本文本与生活情境融合，立足于具身认知、对比组合等多个学习科学法则进行动态化呈现，创设能激发学生主动学习的育人情境——《探秘时钟王国》，设计了一节有趣的复习课，将零散的知识结构化，将枯燥的练习游戏化，将现实中的问题故事化，让学生在情境中运用、表达、创造知识。

【学习目标】

1. 巩固时间单位换算、体验时间长短及认识钟表等知识点，发展量感；
2. 感悟确定时间的意义，知道遵守时间的重要性。

【学习活动】

活动一：在生活情境中自发运用知识

1. 情境导入

师：同学们，这几天我们了解了时钟国王的时间作息表，认识了时钟王国里的小朋友们，今天你们想不想走进时钟王国去看看？

师：看，我们来到了时钟王国的大门。哪位小朋友敢上来敲敲时钟王国的门？

（课件播报：现在时间是……）

师：为什么门没有开？

生：因为还没有到开门时间。

2. 认读时间

师：那开门时间是什么时候呢？（使用希沃放大镜将张贴的开门时间钟表放大，并板贴）

请学生指着钟表说，并在黑板上记录时间。

生1：时针指着10，分针指着12，所以是10时整，用电子表记法是10：00。

师：那语音播报显示的时钟王国现在时间是？（板贴）

生2：时针走过了9，但还没有到10，所以是9时，分针指着10，$5 \times 10=50$，所以是9时50分，用电子表记法是9：50。

3. 计算经过时间

师：那我们还要经过多少时间才能进去呢？请你们在学习单上写一写，画一画，算一算。

生1：我是用数格子的方法，分针接着从10走到12，需要走2大格就到10时了，所以还要经过10分钟。

生2：我是用画图计算的方法，50+10=60，所以还要经过10分钟才能进去。

【设计意图】 为了避免绘本时间与现实世界时间混淆，让学生更有故事情境的真实感与互动感，情境导入设计了"学生敲门—播报时间"的环节，接着发现门未开，自然引发学生思考与观察，将生活情境绘本化，学生在玩耍的空间里解决了实际生活的挑战，在由内而外的认知驱动下运用、巩固了知识。

活动二：在多重通道中自然发展量感

1. 身临其境历时间

师：同学们，在我们探索交流的同时，时间也在流逝。请一位小朋友敲门，来看看现在到什么时间了？

（课件播报：现在时间是……）

生1：时针走过了9，快到10，分针还差1格走到12，所以是9时59分。

生2：时针走过了9，但还差一点到10，分针走过了11，接着又走了4小格，所以是9时59分，还有1分钟就到开门时间了！

师：那就让我们一起数1分钟吧！（动画演示秒针走一圈）。

【设计意图】俞正强老师谈量感的培养时提到"定量把握的量的量感要认真把握好第一个基本量的量感培养，这个基本量的确定取决于与人的体感对应程度"，因此学生对1分钟长短的准确把握是发展时间量感的基础，而被赋予意义的学习材料对学生来说更加印象深刻，学生在"数1分钟"的现实情境中激发了学习兴趣，调动了眼、耳、口多重通道感官，加深了对1分钟长短的感受与认识。

2.具身认知绘时间

（课件播报：通过测验，才能进入）

师：哇，门打开了，但是为了确认你们进入时钟王国可以正常游玩，士兵们需要测验你们，有没有信心？

学生在学习单上独立完成后汇报。

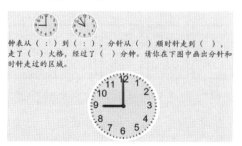

钟表从（ : ）到（ : ），分针从（ ）顺时针走到（ ），走了（ ）大格，经过了（ ）分钟。请你在下图中画出分针和时针走过的区域。

（课件播报：欢迎来到时钟王国）

师：现在是（什么时间）？时钟王国的人正在公园悠闲散步、看书。

生：现在是10时05分，用电子表记法为10：05。

师：这里要注意用 0 占位。突然（课件播报：不好啦，国王的短针不见啦！）

师：同学们，钟表没有了短针，还能确定时间吗？

生：短针是时针，没有了时针就不知道几时了。

【设计意图】在学习认读钟表时，基于时针区间读法与分针按点读法的不同与复杂性，学生是通过分别看时针走过了数字几及分针走了多少格来确定时间，对于"时针与分针是联动的"这一概念，学生仅仅是知道但缺少知识之间的链接。二年级学生处于皮亚杰认知理论中的具体运算阶段，其思维受到一个重要局限的困扰：儿童只在处理他们能够直接觉察的具体信息时，才会以一种有组织、有逻辑的方式进行思考。因此这里基于学生的已有知识基础，将思维进一步拔高，运用具身认知理论，通过"涂色"，发挥学生的视觉通道功能，将时针与分针转瞬即逝的"共同走过的路"显化为直观的、可见的颜色区域，破学生认读整时的难点，加强了对时针与分针联动模型的理解，强化了链接；以"丢失短针"的情节，再次调动学生的情绪，学生进一步思考、理解时针的作用。

活动三：在对比组合中自主修正错知

1. 游戏卡牌"对"时间

师：国王发现短针被藏在了密码箱里，但他忘记密码了，现在需要在 1 分钟内将对应的时间配对，才能打开箱子，现在请你们分别拿出信封中的卡牌，开始配对吧！（同桌两人分别拿到 5 张卡牌，合作配对）

1分20秒	100分	1时40分	1时	60分
80秒	8分20秒	500秒	1时20分	80分

【设计意图】时间换算进率与学生之前所熟悉的十进制有所不同，学生虽然可以记住时、分、秒之间的关系，但是有时还是会受到潜意识"十进制"的影响而出现错误，因此这里设计 1 分钟同桌协作卡牌配对游戏，学生在游戏中体验 1 分钟的同时，加深了对单位时间换算的认识。

2. "拨乱反正""修"时间

师：因为时针的缺席，时钟王国的时间已经错乱了，让我们一起修正吧！

师：请你们先独立完成学习单后同桌讨论：修正前的钟表为什么错了？应该怎么修正？

时钟王国的人正在…	钟表显示时间	修正后的时间
锻炼（8：03）		
开始学习（9：55）		
开始午睡（12：30）		
吃晚餐（6：30）		

生1：第一个钟表的分针不应该指着3，因为分针和时针不同，分针走1小格是1分钟，走1大格是5分钟，应该指的是从12开始数3小格的位置。

生2：第二个钟表的错误很典型，9：55快到10时了，时针应该是指着快到10的位置。

生3：第三个钟表把时针和分针画反了，应该是时针指着12和1的中间，分针指着6。

生4：我最开始觉得这个是对的，后面再仔细想，分针走到了6，经过了30分，时针应该是在6和7的中间！

【设计意图】根据给定时间画钟表上的时针和分针综合考查了认识钟表的知识，是学生学习的难点。基于"对比组合"学习科学法则，巧妙利用学生错题，学生在直面自己错误原型的过程中不断修正脑海中的错误认知，从"是什么"和"不是什么"两个方向构建起了"时针与分针不同计时方法"的理解，优化解决了此类问题的思路，炼制出正确的认知。

活动四：在绘本故事中自悟时间观念

师：同学们，你们知道是谁把短针藏在密码箱里的吗？其实是时钟国王，因为他觉得如果可以不用管时间，想玩多久就玩多久多好啊！

师：那他为什么又告诉大家短针在哪里呢？

生1：因为时钟没有短针，就不知道时间了。

生2：时钟王国的生活会乱套。

师：是的，没有了时间，就没有了秩序，我们要有时间观念和遵守时间的意识。

【设计意图】揭开藏起短针的秘密人物——国王，让故事情节完整又耐人寻味，学生在情境的自然推动下感悟到其中的道理，创设育人情境，落实了立德树人的根本任务。

【参考文献】

[1] 蔡惠贻. 化抽象为具体 建构时间模型——以《认识时分》教学设计为例 [J]. 小学教学设计，2023（14）：43-45.

[2] 罗礼红. 量感可见：结构化视域下学习路径设计对比研究——以北师大版数学教材二年级下册"淘气的作息时间"为例 [J]. 辽宁教育，2023（03）：43-47.

案例 12：动态认时，让时间可视可触

——"小明的一天"一课教学实践

深圳市宝安区桥头学校 黄惠玲

【课例背景】

"小明的一天"是北师大版一年级上册数学第八单元的内容。钟表是生活中常见的度量时间的工具，由于生活经验的积累，学生已具备了一些钟表及时间的感性认识。但是时间看不见摸不着，学生在查看时间时对钟表的认知还存在困难点。从课前调研发现，学生受钟表无关的影响因素太多，反而没有关注钟表上的核心要素。基于此，那么本课该如何立足学生钟表知识的成长点，将学生已有的碎片化的知识经验进行重构和创生，形成对时间的网状结构的整体认知呢？

教材的主题情境图呈现了"小明的一天"的简单生活情况，这种静态的情境图只能机械地对比总结整时和半时的表象区别，割裂了分针和时针的联动性和永动性。因此我将教材内容进行动态化的重构，通过动手制钟和错例分析，建构完整的钟面模型。然后再聚焦"小明的一天"视频，以完整的一天生活引导学生认识一天中时间的先后。从一个时间过渡到下一个时间时，视频会全屏呈现一个快速转动的时钟，让学生直观清晰地观察到指针是如何转动。在看一看、读一读、拨一拨、找一找等多种学习活动中，调动学生多感官的能动性，由此聚焦本课的核心和关键，融通本质和联系，凸显整体和关联。

【学习目标】

1. 在具体的生活情境中，经历认识钟表的过程，从整体上认识钟表，知道钟表可以用来计时。

2. 初步认识钟表，会认读整时和半时，并能用整时和半时描述一天的活动。

3. 在观察钟表和认读时间的过程中，初步学习观察、对比的方法。

4. 结合日常作息时间，在与他人交流中，知道要珍惜时间，学会合理安排时间，养成良好的珍惜时间的习惯。

【学习活动】

活动一：立足认知特点，完整建构钟面模型

课件展示学生提前收集的各式各样的钟表图。

师：生活中有各式各样的钟表，它们都有一个钟面。老师昨天也制作了一个钟面，不过我还没做完，好像少了些什么？（贴出只有 12 个大格子的钟面）

生 1：少了数字、刻度……

生 2：少了时针、分针、秒针……

1. 环节一：动手制钟，建立直观钟面表象。

师：你能帮老师完善钟面吗？现在请小组合作，一起完成学习单上的活动一。

（1）看：仔细观察钟面模型，看钟面上有什么？

（2）贴：将缺失的部分贴在钟面上；

（3）说：与同桌交流快速完善钟面的方法。

2. 环节二：错例分析，深化完整钟面模型。

师：这是老师收集到的不同同学的做法，你们有什么想说的？

错例 i：分针和时针贴对，但 12 个数字排列顺序不对。

错例 2：分针和时针贴对，但 12 个数字排列没有均匀分配。

错例 3：12 个数字排列顺序对且均匀，但分不清分针和时针。

生 1：第一幅图弄错钟面时间的起点，而 12 才是时间的起点。

生 2：第二幅图数字是贴对了，但是 12 个数字排列得密密麻麻。

生 3：第三幅图两个指针都长得一样，可是我观察到的指针是有的长，有的短，有的粗，有的细。

师：那现在谁能总结一下钟面上都有什么？

生1：钟面上有12个数字，按照12、1、2、3……这样的顺序排列，上面还有一些大格和一些小格。

生2：又细又长的针叫作分针，又粗又短的针叫作时针。（板书：12个数字。刻度。时针：又粗又短；分针：又细又长。）

师：同学们是善于观察的小能手，一下子就帮老师把钟面完善好了。时针和分针每天都在钟面上赛跑，谁跑得更快一些？（课件展示动态的钟表）

生：分针跑得快，时针跑得慢。

师：它们跑步的方向叫作顺时针。

（板书：时针：又粗又短、跑得慢；分针：又细又长，跑得快。）

【设计意图】"钟面上有什么"是学生对钟表的直观感知。通过动手制钟、错例分析等深度学习，引导学生用数学的眼光——有序、对称地观察钟面。由此感知钟面的核心要素（指针、刻度、数字）及指针的永动性和联动性。在这样感性经验的支撑下，帮助学生建构完整的钟面模型，从而整体把握钟面的内在联系。

活动二：基于运动视域，动态感悟整时半时

师：我们通过钟表认识了时间，今天还想带你们认识一年级的一个新朋友，他叫小明。下面我们一起看一看"小明的一天"。（播放小明的一天视频）

师：看了小明的一天，真想夸夸他——合理安排自己的一天，爱学习爱运动真是个好孩子！那小明在什么时间做什么？（整时的有钟面显示，半时的没有钟面显示）

生：7时：起床；8时：到校；9时半：做操；12时：吃午餐；4时：体育课；8时半：阅读。

师：你能给小明活动的这6个时间分分类吗？

生：7时、8时、12时、4时的为一类；9时半、8时半的为一类。

1. 环节一：动静结合，认读整时

师：像这样，分针指着"12"的时刻，我们称之为"整时"（整时：分针指向12，时针指向几就是几时）。

课件动态演示分针转一圈,时针从 12 转到 1,就是 1 时;分针时针一直联动变化,一直转动到 3 时。

2.环节二:时分联动,认读半时

课件动态演示从 3 时半到 4 时分针和时针的变化过程。

师:同学们,到了 3 时后,现在看看时针和分针是怎么变化的?现在又是什么时间?

生 1:我觉得是 4 时半。

生 2:分针转 1 圈就是 1 时,分针转半圈就是半时,这是 3 时半。

师:那究竟是 3 时半还是 4 时半?为什么时针会在 3 和 4 中间?

生 1:时针还没到 4,说明还没到 4 时,应该是 3 时半。

生 2:时针会在 3 和 4 中间,是因为分针走了半圈,所以时针要跟着走半格。

师:是的,分针再转半圈,时针会跟着转半格。同学们真是善于观察与思考!长大肯定能成为厉害的科学家!那么 8 时半和 9 时半的钟面会是怎么样的呢?请 1、2 组拨 8 时半,3、4 组拨 9 时半。

师:那谁能总结一下这些半时的特点?

生 1:半时分针都会指向 6。

生 2:半时分针会指向 6,时针会在两个数字的中间。

师:是的,像分针指着"6"的时刻,我们称之为"半时"(板书 半时:分针指向 6,时针则在两个数的中间)。

【设计意图】时间是看不见摸不着的,可以通过将学生日常的生活事件与时刻进行动态链接,这样抽象的时间就转化为可视可触的外显表象和具体行为,帮助学生建立时间感。在时间分类对比中,能直观感知整时的特征:分针指向12，时针指向几就是几时。在观察动态钟表中，能充分感悟"分针转一圈时针跟着转1格"的联动过程，这也为突破半时这个难点积累了形象的感性认知。将静态的时间图进行动态化演绎，使学生对时间的认识更灵活更深刻。

活动三：融通指针本质，深化应用整时半时

1.闯关一：抢答大比拼

整时、半时抢读比赛。[6时、12时、12时半、特殊钟表（只有关键数的钟面、只有点没有数字的钟面）的认读、电子钟的读法]

2.闯关二：老狼老狼几点钟（我说你拨）

3.闯关三：修理怪钟（寻找指针）

师：同学们，现在我们已经认识了钟面所表示的时间，但是这里有几口怪钟，有一根指针不见了，你能帮忙找一下吗？

怪钟1：（6时半的钟面只出现分针6）

怪钟2：（12时的钟面只出现时针12）

【设计意图】在教学中，可以提供变式的练习启发学生思辨。在抢答游戏中深化理解整时、半时的特征；在我说你拨中充分感悟指针运动的变化规律；在寻找指针中，深度体验特殊时刻的外显特征。层层递进的练习融通了指针的本质联系，使学生在拓展体验中获得智慧生长。

活动四：链接生活实际，丰富提升时间认知

1.了解钟表发展史。

师：钟表的发展可有历史了。在古代，日晷是利用太阳照射晷针的影子来观察时间的。铜漏壶是利用滴水的速度来计算时间的。这就是我们古人的伟大发明。到了现代，我们的钟表经历了大型钟——小型钟——怀表——手表这样的过程，现在数字式的电子表也随处可见。时代发展日新月异，作为小学生的你们认为要怎样做时间的小主人呢？

生1：要认真学习，不浪费时间的每一分每一秒。

生2：要好好安排自己的时间，珍惜时间。

2.制作个人周末作息时间表

师：通过今天的学习，同学们都和钟表交上了好朋友，你能利用今天所学的知识，给自己制作一份周末作息时间表吗？

【设计意图】数学来源于生活，又应用于生活。了解钟表发展史能建立数学与生活的紧密桥梁，让学生真实体验"生活数学"。同时在制作个人周末作息时间表中，感知时间在生活中的重要性，丰富时间表象，建构时间观念，有效引导学生学会珍惜时间，合理安排时间。

案例13：动态收集数据　深度生成意识

——"平均数"一课教学实践

深圳市宝安区西湾小学　陈冲

【课例背景】

"平均数"是北师大版小学数学四年级下册《数据的表示与分析》的内容，是学生在积累了简单的统计活动经验的基础上，进一步认识了条形统计图、简单折线统计图之后，接触到的第一个有关数据分析的统计量。教学时，我们通常都会侧重于让学生掌握如何进行"移多补少""先合后分"，把课的落脚点放在了求平均数的方法上，而忽略这节课本应该具有的统计味道。那如何才能打破这个瓶颈，让学生站在统计的角度（运用数据分析观念）来认识平均数呢？

教材主题情境呈现的是一组静态的数据，没有让学生经历数据收集的过程，这不利于学生站在统计的视角来理解平均数的本质。因此，我们将主题情景做了动态化处理（如下图），首先我们选择了真实的、学生感兴趣的"记数大王"游戏引入，让学生亲历统计及收集数据的过程，体会平均数的必要性。

每3秒呈现10个数字，看一看每次可以记住几个数字。

淘气5次记住数字的情况统计表

次数	第1次	第2次	第3次	第4次	第5次
记住数字的个数	5	4	7		9

游戏规则：

1、每呈现10个数字，心里默记 3秒

数字消失后，10秒内把记住的数字，按顺序记录在表中

2、数字再出现时，在对的数字下面画√，并记录 对了几个

其次，当每个学生有了自己的记数成绩后，我们选取了一位具有代表性的学生和淘气的成绩进行对比，通过"谁的记数水平高？""6"是怎么得来的？等核心问题，在画一画、摆一摆、算一算等活动中，直观理解了平均数的意义和特征，掌握了求平均数的一般方法，从而构建了学生数据意识的模

型。在练习中，为了帮助学生对平均数的范围特征有更深入的认识，深化平均数意义的理解；我们采用了动态化呈现的方式，如 4 个分数的统计图，河水深度的多种可能，都指向了学生思维动态的形成与发展。

【学习目标】

1. 结合记数情境经历平均数产生的过程，初步理解平均数的意义，体会学习平均数的必要性。

2. 结合简单的统计图表，运用操作和计算求出平均数，并通过不同方法的沟通与比较，初步体会平均数的意义。

3. 在解决问题的过程中，积累数据分析经验，发展数据分析观念。

【学习活动】

活动一：游戏引入、收集数据

呈现"记数大王"游戏，先示范玩法，再引导学生玩 4 次并记录每次所记住数字的个数。

师：同学们，老师给你们带来了一个游戏，叫"记数大王"，想玩吗？不着急，游戏规则是怎样的呢？请看，谁能来大声地读一读：

（PPT 出示游戏规则）

生 1：每 3 秒呈现 10 个数字，心里默记，数字消失后，10 秒内把记住的数字，按顺序记录在表中。数字再出现时，在记对的数字下面画√，并记录对了几个。

师：游戏规则虽然读完了，可能有些同学还是不太清楚，没关系，老师先玩一次给你们看，要认真看哦。（贴示范表格）

示范步骤：

师：先默记 3 秒，不能发出声音哦。（课件出示一串数字）

师：然后写 10 秒，时间到

师：一起看看老师记对了几个。

师：你们想试吗？请你准备好笔和学习单，抬头看屏幕，游戏开始啦！

师：快数数看，你记对了几个？请你说

生2：6个

生3：8个

生4：7个

师：刚才有些同学记得没那么好，还想挑战，那我们就再玩一次吧，请看屏幕。

师：这一次你又记住了几个呢？

生5：8个

生6：9个

师：还想玩吗？行，那就再玩一次。看！

师：这3次的成绩还满意吗？第4次你有没有信心记住10个呢？来，我们来挑战一下吧。

师：游戏玩到这，老师很想请一个同学把你的记数情况记录在黑板上，谁来？

师：不着急，你一边报，老师一边把它写在黑板上（贴表格）。

生7：6、5、6、7或6、4、8、6或6、7、7、4（板书在表格中）。

【设计意图】把教材呈现的静态数据，以记数游戏为抓手，由静转动，更富有趣味性，也让学生在玩的过程中经历了数据产生，收集和整理过程，突出了统计的本质。学生能从单元整体的视角去体会平均数的统计意义，形成初步的数据意识。

活动二：引发冲突、感受意义

1.认识"平均数"，通过对比两组数据的不同体会"平均数"的意义。

师：这么好玩的游戏，淘气也玩了，看，这是淘气的记数情况，你们比比看，他们俩谁的记数字水平更高呢？

生1：我觉得淘气高，因为淘气一共记了35个，XX同学只记了XX个。

师：嗯，你说的好像有点道理哦。你不同意，你是怎么想的？

生2：不对，淘气多玩了一次，这样比不公平。

师：你们同意吗？也就是说当玩的次数不同时，我们不能直接比较他们的总个数，那应该比较什么才能知道谁的记数水平更高呢？

生3：求平均数。

师：你的意思是比较他们的平均水平，对吗？

生3：对。

师：如果让你用一个数来表示淘气这5次的记数字的水平，用几比较合适呢？请你说。

生4：我选的是4（因为它最少）。

生5：我选的是9，因为它是淘气记得最多的数。

生6：我选的是5，因为它出现的次数最多。

生7：我选7，因为它既不是最多的，也不是最少的，它比较中间。

生8：选6（如果出现小数，就把这个数先放一边）因为它不多不少。

师追问：你看，选哪个数都有道理，那哪一个更合适呢？

生齐说：6。

【设计意图】学生原来的知识经验是通过比较总数来判断"谁的记数水平高"，在此基础上介入淘气比赛的数据，两组不同次数的数据引发了学生的认知冲突，学生不得不探寻更为合适的比较方法，从而顺其自然地引出平均数的概念。

2. 借助操作活动，理解"平均数"的意义，抽象出求平均数的一般方法。

师：奇怪，这里明明没有6，6是怎么得来的呢？你们能在这幅图中找到这个6吗？请你先在小组内说一说，再试着在学习单上画一画，算一算。

生1：利用画一画的办法。

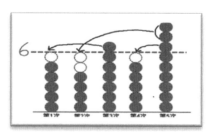

生2：我发现第5次和第3次的个数比较多，所以可以把这里的9个珠子的2个移给4。移1个给5，7中的1个给5，补完后就一样多了。（请生上

台边摆边说）

师：你们听懂了吗？掌声送给他，谁能把这位同学的想法在这幅图上展示一遍呢？

师：你们听明白了吗？也就是把第5次的9个珠子移2个给4得到6，移1个给5得到6，7个珠子的1个移给5也是6。这种方法，在数学中我们把它叫作：移多补少。你们看，移完后，淘气平均每次记住的个数都是6（PPT先演示再板书：移多补少，在黑板画横线）

师：除了移多补少这种方法，你还有其他不同的方法吗？

生3：我是通过算一算的方法，先求出淘气记住数字的总个数，再除以他记的次数，列算式：

（5+4+7+5+9）÷5

=30÷5

=6（个）

师：你们听懂了吗？他是把五次的记数成绩先"合"起来，然后再除以5次，用总个数÷次数（板书），就得到平均每次记住6个，这种方法，在数学上叫作：先合后分（PPT先演示再板书：先合后分）

师：孩子们，请你们认真思考这两种方法（用手指着黑板），它们有什么相同之处吗？

生4：不管是移多补少还是先合后分，它们的总个数不变，都是30。

生5：最后都得到了6。

师小结：你们看，其实算式也可以移多补少，把9移2个给4，移1个给5，7移1个给5，算式就变成了6+6+6+6+6，再除以5，结果还是6（板书）也就是说这两种方法其实是一样的，都是把每次变得一样多。6是这5个数平均、"匀"出来的。

师：它代表的是淘气5次成绩的平均水平，6就是这一组数据的平均数。（PPT+板书：平均数）

师：那6代表的是哪一次的成绩呢？是第一次？最后一次？

生：都不是。

师：没错，它不是指某一次的记数成绩，它是这一组数据平均水平的代表，代表的是淘气5次成绩的平均水平。（PPT+板书：是一组数据的平均水平的代表）

【设计意图】放手让学生在活动中探究，让学生用移多补少的方法直观理解平均数的意义，用先合后分的方法抽象出求平均数的一般方法。通过沟通两种方法的联系，加深对平均数意义的理解。

活动三：感知特点、丰富理解

引出第5次的数据，然后比较该同学第5次记住的个数与平均数的关系。

师：如果让这位同学再玩一次，你觉得他第5次至少要记住几个，才能赢了淘气？请你在4人小组内说一说。

生1：如果这位同学记住7个，他会赢，因为31-24=7个，平均数是6.2。

生2：如果这位同学记住5个，淘气就赢了，24+5=29个，淘气记住了30个，平均数是5.8。

师：也就是说第5次记住的个数比6多，平均数就比6大，记数的个数比6少，平均数就比6小，从中也可以看出平均数特别容易受这组数据的变化而变化，它特别敏感。

【设计意图】第5次数据的加入，引发学生进一步思考，该同学需要记住几个才有机会获胜，从中关注学生数感的培养和解决问题策略的渗透。

2. 提供生活中常见的例子及数据，培养学生根据数据进行推断、预测、推理的能力。

师：孩子们，今天我们认识了平均数，在生活中，我们在哪里也见到过平均数？请你说一说。

生1：每次考完试，我们班就会有平均分。

生2：我妈妈的公司每年都会统计平均销售额。

师：像这样的例子还有很多很多，比如说：

四年级学生的平均身高大约是140厘米。深圳市的年平均气温是22.3℃。笑笑班数学期中检测的平均分是91分。

师：那你们知道笑笑得了多少分吗？请你想一想，并和同桌说一说。

（A.91分　B.100分　C.80分　D.61分）

生3：91分。因为班级平均分是91分。

师：嗯，好像有点儿道理。你是怎么想的？

生4：我觉得笑笑可能得100分，因为这样可以拉高班级的平均分。

师：这位同学用了"拉"字，我觉得特别好，也就是说平均分91分，可能是笑笑得了100分，拿一些给分数低的平均出来的。

师：那有可能考60分吗？

生5：也有可能！甚至有可能不及格。

师：看来，笑笑的成绩可能很好，也可能中等或比较不好。平均分91分是分数高的拿些给分数低的，最后平均出来的。你看，91分在什么之间？最高分和最低分之间。

师：孩子们，我们常常还会运用平均数解决生活中的数学问题。

师：瞧，这天，小马过第二条河，刚好遇到一只会数学的小松鼠，松鼠告诉它"河水平均水深1.1米"，你觉得小马能过河吗？（出示图片）请你和同桌说一说。

生6：可以过河。

生7：不能过河。

生8：也可以，也不能。

师：以前数学都只有一样答案，为什么今天会有两种答案？为什么呢？

生9：平均水深1.1米。

师：对的！1.1米，是水位的平均数。有可能河床差不多都是1.1米，也可能有的很浅有的很深，我们要视情况来分析。

【设计意图】两道探究性的练习，让学生学会用平均数来解决实际的问题，并对平均数的范围特征有了更深入的认识。通过对"小马过河"的讨论与判断，让学生从平均数的视角，推断数据分布的多种可能性，从而培养学生思维的灵活性和深刻性。

案例 14：从"分"到"合"，动态发展数据意识

——"复式折线统计图"一课教学实践

深圳市宝安区西湾小学　黄晓丹

【课例背景】

2022 版新课标强调要关注课程内容的结构化，并回归大概念审视课程内容。那么"复式折线统计图"一课我们该如何践行新课标精神，真正地站在单元整体教学的视角来展开教学呢？在学习本课之前，学生在四年级下册时已经对折线统计图有了初步认识，也能够读懂并分析简单的统计图。因此在本课的学习过程中，我们不能仅仅停留在教会学生从复式折线统计图中获取信息，分析和应用数据，更是要唤醒学生原有单式折线统计图的知识储备，让学生经历由"分"到"合"的过程，真正地体验到从单式到复式的必要性。在这个过程中，学生能感受复式折线统计图的优势，领悟新旧知识之间的联系，从而形成完整的知识结构和数学思想方法，发展数据意识。

基于此，本课教学设计我们主要抓住了如下的几个方面：

突出知识链接。抓住从"分"到"合"的核心，激活单式统计图的学习经验，打通单式与复式折线统计图的隔断墙，形成一个知识整体，让学生觉得复式折线统计图并非新知识，只是原来单式折线统计图的一个延伸与拓展，培养了学生会学习、会迁移的能力。

突出数据作用。"数据"是统计内容的重点，从数据收集、数据分析、数据表达，再到数据应用，都离不开数据。因此设计中我们一是侧重数据表达的方式，二是侧重数据表达的内涵和数据应用的预判功能等，通过数据能用数学的眼光看世界和表达世界。

突出动态生成。学习任务的设计不仅关注学生的学习规律，更关注知识

的产生过程。因此在设计中多次使用了动态呈现数据和情境等，吸引学生的注意力，引发学生的思维碰撞，使学习过程动静结合，相得益彰。

【学习目标】

1. 结合真实问题情境感受复式折线统计图产生的价值，认识并了解复式折线统计图的特点，初步感知数据的价值。

2. 能从统计图中获取尽可能多的信息，并能结合具体情境分析数据、整理数据和应用数据，通过数据能预判趋势，发展学生的数据意识。

3. 经历数据统计的全过程，发展学生的应用意识和解决问题的能力。

【学习活动】

活动一：游戏导入，唤醒单式统计图的知识储备

老师通过课件出示地理知识抢答游戏，让学生独立思考后自主抢答。

①我国的国土面积是多少？（960 万平方千米）

②中国最北端的地方是哪里？（黑龙江的漠河）

③中国最南端的地方是哪里？（南沙群岛的曾母暗沙）

师：同学们，淘气和笑笑想去这两个地方旅游，你们觉得需要提前了解什么呢？

生 1：两个地方的气温，带好衣服。

生 2：两个地方的饮食习惯。

师：作为中国最北端和最南端的地方，气温会有什么不同呢？（出示 4 月 7 日 -10 日两地气温统计表）你会用我们以前学过的统计图来表示两地的气温吗？请动手画一画。

生：动手画出两幅折线统计图。

师：谁来说说你是怎么画的？（根据学生的汇报呈现出两幅单式折线统计图）你们看懂了吗？（将两幅统计图张贴在黑板的两侧，尽量使两幅图的距离比较远）

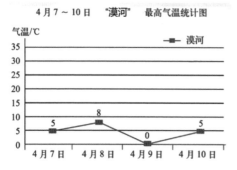

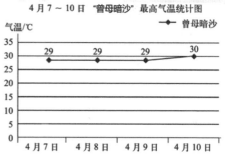

【设计意图】在游戏和谈话中顺势激活学生原有的知识经验，通过单式折线统计图分别表征两地的气温情况，但这里我们埋下伏笔，如果要比较两幅图的情况，分别观察两幅统计图会有什么样的困难或不便呢？是否有更好的比较方式呢？从而复式折线统计图的引出便水到渠成，其学习的必要性也就大大增强了。

活动二：动态呈现，感受复式统计图的直观优势

通过问题引领学生思考，让学生在比较两地气温的活动中感受将两幅图合并在一起的优势。

1.感受优势

师：4月8日两地气温相差多少？4月10号呢？

生1：分别算出每天的气温差，再来比较；

生2：29-5=24　29-8=21

师：我们这样左看右看，对比起来不够方便，能不能想个方法，更好更快地比较这两个地方的最高气温（学生此时意识到要将两个图合并在一起）

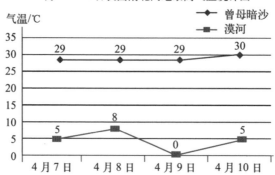

【设计意图】在比较中引发学生将两幅单式折线统计图"合并"在一起的思考，这一主动"合"的动作使学生真正理解了复式折线统计图的本质，从而两组及以上数据的表达方式便真正成为本节课的重点。

2. 读懂统计图

师：在这张统计图中，两条折线代表两组不同的数据，这样的统计图我们把它叫作复式折线统计图（板书："复式"）。你们能看懂吗？从图中你能得到哪些信息？

生1：横轴表示时间，纵轴表示气温；

生2：红色的线表示漠河的最高气温，蓝色的线表示曾母暗沙的最高气温，它们分别对应不同的颜色的图标。

生3：曾母暗沙这几天的气温都在25℃以上，而漠河是在10℃以下。

生4：折线向上表示气温上升，折线向下表示气温下降。

师：根据这张图，你能提出哪些数学问题呢？

生1：两地最高气温相差最大的是哪一天？

生2：哪一个地方的气温变化得比较大？

【设计意图】有了单式折线统计图的学习经验，对于图中的数据分析并非难事，这里我们通过学生自己的问题引领探究需求，让学生用自己的语言表达，用自己的问题研究。

3. 解决问题

师：同学们都提出了很多有价值的数学问题，老师也把大家的问题进行了梳理和补充。请大家拿出任务单，自己独立完成，看看你们能不能读懂复式折线统计图并解决问题。

学生独立完成后在小组中交流方法，再进行全班交流。

①两地哪天的最高气温相差最大？相差多少？

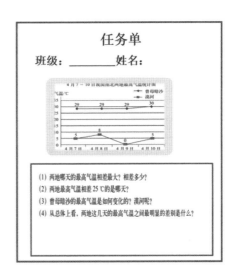

生 1：29-5=24 29-8=21 29-0=29 30-5=25 分别算出后再比较；

生 2：直接观察哪一天两个点之间的距离最长，那么温差就最大，再计算。

师追问：你们喜欢哪种方法？它们的优点是什么？

②两地最高气温相差 25℃的是哪天？

生 1：

4月7日 29-5=24℃

4月8日 29-8=21℃

4月9日 29-0=29℃

4月10日 30-5=25℃

两地最高气温相差25℃的是4月10日。

生 2：由第 1 题算出的结果可以直接找出来。

③曾母暗沙的最高气温是如何变化的？漠河呢？

生 1：曾母暗沙 4 月 7 日至 4 月 9 日的最高气温都不变，4 月 9 日至 4 月 10 日的最高气温上升了 1℃。漠河的最高气温，从 4 月 7 日到 4 月 8 日在上升，4 月 8 日到 4 月 9 日是下降，4 月 9 日到 4 月 10 日又上升。（分段描述变化趋势）

生 2：曾母暗沙最高气温比较高，都在 25℃以上，变化幅度较小。漠河气温比较低，都在 10℃以下，变化幅度较大。（整体描述变化趋势）

④请预测一下 4 月 13 日的气温，如果淘气和笑笑 4 月 13 日分别要去漠河和曾母暗沙，你们有什么建议吗？（预测与应用）

生 1：曾母暗沙的气温变化不大，13 日应该也在 29℃左右，可以带短袖；

生 2：漠河气温变化较大，但是都在 10℃以下，要多带厚衣服。

师：你们能说一说复式折线统计的优点吗？

生 1：便于比较两组数据之间的变化趋势。（板书）

生 2：可以帮助我们进行合理的预测，应用于生活。

【设计意图】借助直观的复式折线统计图，学生一边观察，一边发现规律，在师生的对话中梳理总结出其特征：两组及以上数据；作用：便于比较；优势：整体变化趋势。

活动三：多维推动，巩固复式统计图的数据本义

通过多维、丰富的素材让学生体会复式折线统计图在生活中的广泛应用，感受学习数学的价值，引发学生的思维碰撞。

1. 基础练习：患龋齿人数复式折线统计图（再次经历描述、分析数据的过程）

1. 右图是某校 2006 ～ 2012 年患龋齿人数统计图。
   ① 这个统计图你看懂了吗？与同伴说一说。
   ② 男生、女生患龋齿最多的是_____年，一共_____人。
   ③ 从图上你还能得到哪些信息？
   ④ 调查本班有多少人患龋齿？占本班人数的几分之几？

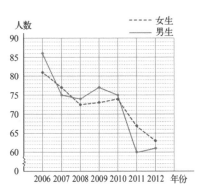

2. 拓展练习：你能看懂吗？（看懂并理解复式折线统计图）

🔘 **猜一猜** 这幅统计图可能表示什么？

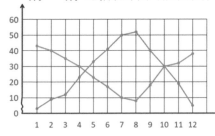

A. 洋洋和东东2022年身高变化统计图

B. 苏州和上海2022年月最低气温统计图

C. 2022年服装厂夏装和冬装月销售件数统计图

🔘**想一想** 从这幅统计图中你想到了哪个故事？你还能得到哪些信息？

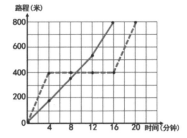

3.拔高练习：张亮的烦恼（复式折线统计图的应用）

师：这是张亮 5 次数学考试的成绩图，你觉得他的成绩怎么样？

生 1：成绩不太稳定；

生 2：第 3 次考试成绩太差了。

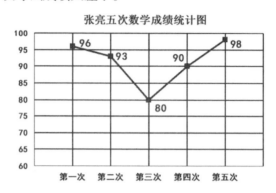

师：张亮的爸爸看了成绩后，也觉得第 3 次考得太差了，批评了张亮。但张亮觉得特别委屈，想通过统计图跟爸爸说明自己并不差，你们觉得要怎么办呢？

生 1：如果能提供班级的平均分就好了；

生 2：找一个成绩较好的和较差的同学和张亮来比较；

生 3：算出张亮 5 次的平均分。

师：根据学生要求出示复式折线统计图，你现在想对张亮的爸爸说什么呢？

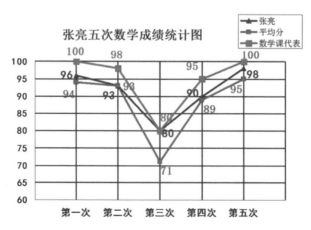

生 1：张亮第 3 次成绩虽然低，但还是在班级平均分之上，可能是考卷比较难；

生 2：数学课代表第 3 次考试成绩也只有 80 分，说明张亮的成绩还是很优秀的。

师总结：看来我们的复式折线统计图还可以比较 3 组甚至更多组数据之间的变化趋势（板书），能让我们带着数学的眼光更加客观地分析问题。

【设计意图】层层递进的练习，一是检验学生的基础知识和基本技能掌握情况；二是通过动态化的数据呈现，让学生体验到数据直观表达的重要性，也明白了如何从图中获取更多的信息，用数学的眼光分析问题、数学的语言表达问题。

案例 15：动态化教学：发展学生运算能力

——"回收废电池"一课教学实践

深圳市宝安区径贝小学　罗瑜

【课例背景】

《回收废电池》主要内容为三位数笔算加法，学生已经有计算两位数笔算加法的基础，在这节课里学习三位数进位加法所接触到的新知识只是计算位数的增加，应该能够利用已经学过的知识解决新的问题，因此我们进行了三位数加两位数进位加法的前测，表现出的情况是：全部学生都能将数位对齐，但在计算过程中有的学生没有进位，或是忘了加进位 1。如何帮助学生从新旧知识的"联结点"——算法的迁移过渡到帮助学生寻找知识的"生长点"——算理的理解，从"怎样算"迈向"为什么这样算"？基于这样的思考，本节课将动态化设计各个环节，促使每个学生在原有学习基础上都有所提升。

针对学生出现的问题，将本节课的教学设计成以下环节：

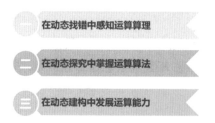

【学习目标】

1. 借助口算或者数线、计数器等直观模型，探索并掌握三位数加法的计算方法，理解算理。

2. 结合直观模型，掌握竖式计算的格式，理解满十进一的计算道理。

3.结合具体情境，掌握估算的方法，能提出数学问题，并解决问题。

【学习活动】

活动一：在动态找错中感知运算算理

1.动态找错，寻找错误价值。

师：孩子们，任何事物都有存在的价值，就连错误也有呢！你觉得错误有什么价值呢？（请学生自由回答）

师：说得真好，告诉你一个科学知识：科学家们克隆出第一只羊之前可是失败了77次呢。所以，当我们不小心犯错了，在感到难过的同时，更应该想办法弄明白出错的原因是什么？总结经验，才能有更大的进步。

在上这节课前，老师在我们年级做了个小调查，看看同学们对这节课的知识了解多少。从调查结果中发现了一些问题，现在我想请同学们一起来分析一下，同桌合作找错，圈一圈，说一说它的错误。

任务1：探究竖式计算中出现的错误（如下图）

错例1：

错例2：

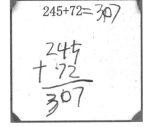

错例3：

错例4：

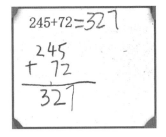

师：他们在列竖式计算 245+72 的过程中，出现了什么错误？请同桌之间一起找一找，圈一圈，说一说。（邀请学生上台汇报交流）

生 1：错例 1 十位上的 4+7=11，应该向百位进一，百位上的 2 应该变成 3。

生 2：错例 2 十位上的 4+7=11，向百位进一后还剩下 1，十位上应该写 1 不是 0。

生 3：错例 3 个位上的 5+2=7，没有满十，不用向十位进一，十位上的 4+7=11，所以十位上写 1 就可以了。

生 4：错例 4 十位上的 4+7=11，满十向百位进一的时候可以把进的 1 标记一下，这样就不容易出错了。

师：你们有一双会观察的火眼金睛，不仅会找错误，还会总结经验，太棒了！那我们在列竖式时，一定要注意在相同数位对齐计算的前提下，还要注意满十进一，且做好标记就不容易出错了。

【设计意图】用学生前测中出现的错误作为学习资源，作为学生探究的材料，学生的积极性非常高，学生在动态中找错、分析错误，同桌合作、交流，反思自己常出现的问题，总结有效的改善经验，感知运算算理。

活动二：在动态探究中掌握运算算法

1. 任务 2：探究数线的画法（如下图）

请你用喜欢的方法计算下面两道题，如画数线图、计数器法等。

122+27＝   253+127=380

请你用喜欢的方法计算下面两道题，如画数线图、计数器法等。

① 122+27 =149   ② 253+127 =

师：在课前的调查中老师发现同学们不仅会列竖式解决问题，还会画数线呢！这两幅图中用画数线的方式算 122+27 和 253+127，你能看懂吗？

生 1：122+27 他是 1 个 1 个加的，253+127 他是先 10 个 10 个加，最后再加 7。

师：你觉得这两位同学画得怎么样？

生 2：太麻烦了。

生 3：太慢了。

师：你还有更好、更快的画法吗？（先请学生说一说，理清思路）

生 4：122+27，把 27 分成 20 和 7，先加 20，再加 7。

生 5：253+127，把 127 分成 100，20 和 7，先加 100，再加 20，再加 7。

师：谁能把刚刚说的画法在黑板上画下来。（邀请学生画一画）

2．任务 3：探究计数器的拨法。

师：我在课前的调查中发现同学们可厉害了，会的方法可不止这两种，还有一种方法是这样的。（课件展示图片）

请你用喜欢的方法计算下面两道题，如画数线图、计数器法等。

122+27= 　　　　　　　253+127=380

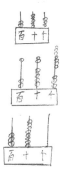

师：但是第二幅图是怎么变成第三幅图的，为什么个位上的珠子像变魔术一样不见了？去哪里了？谁能揭晓答案呢？

生 1：它是满十进一了。

师：你能结合老师手中的计数器按照图中的方法边拨边讲清楚你刚刚说的道理吗？

学生上台演示：先拨 253，接着个位上拨 7 颗珠子，个位上的 3 颗珠子和 7 颗珠子合起来满十了，就要向十位进一，在十位上拨 1 颗珠子，所以个位上没有珠子了。再在十位上拨 2 颗珠子，百位上拨 1 颗珠子，最后一共是 380。

师：原来是这样，个位满十要向十位进一（再次强调）

【设计意图】借助数线、计数器等直观模型掌握三位数加两位数的进位算法，从动态呈现模型到动态掌握算法，让学生有新收获，为接下来解决核心问题做铺垫。

活动三：在动态建构中发展运算能力

1. 解决问题，探索新知。

师：看来小错误中蕴含着大价值啊！我们不仅要会用总结的经验去做题，真正的数学家还要会用这些经验和方法去解决生活中的数学问题哦！老师这里有一道生活中的问题，请你们试一试用刚刚的方法解决问题。

将环保宣传视频导入，让学生了解废电池的危害，引出回收废电池的活动。

回收奖励	二年级回收废电池情况	
200 节废电池 奖励 10 把手电筒	班级	数量/节
	(1)班	122
240 节废电池 奖励 1 个足球	(2)班	77
	(3)班	149

问题一：估一估，哪两个班回收的废电池加起来可以获奖？

师：同学们，哪个班和 3 班回收的废电池加在一起可以获奖？请你先估一估。

生 1：3 班回收了 149 节，可以看成 150，2 班的 77 超过 50 这么多，2 个加起来肯定比 200 大，能换 10 把手电筒。

师：淘气想换的是足球，能换吗？

生 2：3 班一个班就 140 多，加上 1 班的 122 节，比 100 大了这么多，两个相加肯定比 240 大，可以换一个足球。

师：估一估真有用。

问题二：（1）班和（2）班一共回收了多少节废电池？

师：如果想知道两个班到底回收了多少节废电池，比如（1）班和（2）班一共回收多少节废电池？想一想，接下来我们分组比一比，算一算，1、2组用数线画一画，3、4组用计数器拨一拨，5、6组用竖式写一写，我们一起动手试一试吧。

1. 独立思考，筛选信息，列算式：122+77

2. 学生自主探究算法，教师巡视。

3. 算法交流。（教师巡视，选出算法不同的小组进行分享）

预设方法一：结合数线的口算方法。

预设方法二：运用计数器拨一拨的方法。

预设方法三：通过列竖式计算解决问题。（引导学生分享每个数位相加的含义；带领学生规范书写竖式。）

4. 对比联系

师：同学们，这几种方法有联系吗？有没有什么相同点？

学生自由发表想法，总结：相同数位相加。

问题三：（1）班和（3）班一共回收了多少节废电池？

1. 独立思考，选取信息列式。122+149。

2. 学生自主探究算法。

3. 算法交流。（教师巡视，选出算法不同的小组进行分享）

预设方法一：结合数线的口算方法，将149拆成100、40和9。

$$122+100=222$$
$$222+40=262$$
$$262+9=271$$

预设方法二：运用计数器拨一拨的方法。（强调满十进一的过程）

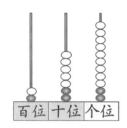

预设方法三：通过列竖式计算解决问题。

$$
\begin{array}{r}
1\,2\,2 \\
+\ 1\,4_{,}9 \\
\hline
2\,7\,1
\end{array}
$$

5. 对比联系

师：同学们，这几种方法有联系吗？有没有什么相同点？

学生自由发表想法，总结：相同数位相加，哪一位满十就向前一位进一。

师：对比这几种方法，你更喜欢哪一种？为什么？

【设计意图】通过合作交流，让学生共享各种算法，实现算法多样化，发展学生的运算能力。在不同方法中进行对比，引出竖式计算的简洁性。

案例16：关注动态生成，促进"四能"发展

—— "图书馆（试一试）"一课教学实践

深圳市宝安区海乐实验学校 吴小霞

深圳市宝安区海港小学 魏先玲

【课例背景】

"图书馆（试一试）"是北师大版一年级下册第六单元第一课的第二课时，这节课的主要目标为：巩固上节课学习的两位数加一位数的进位加法的计算，复习上一单元新学的加法数量关系，提高计算能力和解决问题的能力。总的来说，这节复习课目标很多，如果按照教材来上，每一个目标都只能蜻蜓点水，无法深入学习。

一年级学生的"四能"才是起步阶段，部分学生连"问题"是什么都不知道，完整问题"已知条件＋问题"的形式更不清楚，分析问题、解决问题能力更需要学习。基于以上思考，笔者把如何借助课堂动态生成发展学生"四能"定为本课的重点。

教材是一个主情境图＋两个问题串，思维层次很浅，因此我们将教材的主情境内容进行了动态呈现，出示主情境图：

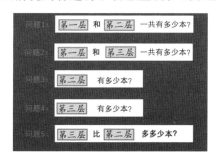

1.你发现了什么数学信息（发现问题）？ 2.你能提出哪些数学问题（提出问题）？ 3.这么多问题，你想先解决哪个问题？为什么（分析问题）？

4.在学习单上画一画、算一算（解决问题）。学生提出的问题很多，在选择解决问题优先级的时候，学生需要进行对比思考，促进深度思维，在解决问题中，鼓励解决问题策略的多样性，在教学内容不能完全预设的情况下，课堂在动态发展中实现动态生成，学生的能力得到提升，思维得到持续更新。在练习环节，给了5个信息，学生选择自己需要的两条信息，并提出问题，解决问题。5个信息照顾了不同层次的学生，能在众多信息中挑选出合适的信息并提出难度很大的问题，能根据本节课的学习，提出"求比一个数多（少）几"的问题，初步培养学生发现问题、提出问题、分析问题、解决问题的能力，不同的学生得到不同的发展，在无法预设中，学生的思维在动态地生成和发展。

1.请先**圈出**你需要的信息，再根据圈出的信息**提出**一个数学问题。

2.我的问题：＿＿＿＿＿＿＿＿＿＿＿＿＿＿＿＿＿＿＿＿＿＿

3.我的算式：＿＿＿＿＿＿＿＿＿＿＿＿＿＿＿＿＿＿＿＿＿＿

【学习目标】

1.通过画一画、写一写、算一算，学会解决"比一个数多几"的进位加法的问题，进一步加深对加法意义的理解。

2.在具体情境中引导学生提出问题、分析问题、解决问题，提高学生解决问题的能力，体会解决问题策略的多样性，发展学生解决问题的能力以及思维能力。

【学习活动】

环节一：发现数学信息

师：为了丰富孩子们阅读的书籍，智慧老人去图书馆借了一些书回来，一起来看看（出示情境图）。

师：你发现了哪些数学信息？

生：第一层有13本，第二层比第一层多8本，第三层比第一层多9本。

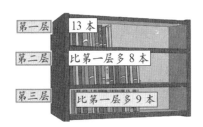
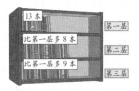

【设计意图】动态呈现信息，读懂图意，说出完整的信息，在解决问题环节，学生可以自由选择和应用相关信息，为接下来的学习活动做铺垫。

环节二：提出数学问题

师：根据上面的信息，你能提出哪些数学问题？

1.学生活动：独立思考，同桌交流。

2.指名个别回答，教师板书问题：

预设1：第二层书架上有多少本书？

预设2：第三层书架上有多少本书？

预设3：第一层和第二层一共有多少本？

预设4：第二层和第三层一共有多少本？

预设5：第一层和第三层一共有多少本？

预设6：第三层比第二层多多少本书？

（教师根据学生的回答，将问题板书在副板）

【设计意图】提出一个问题，比解决问题更重要，给学生提供提问的机会，鼓励学生结合已有知识经验，经过加工，创造性地提出问题，培养学生爱思考、会思考的好习惯，上面的问题不一定都能提出来，学生能提出哪些问题就板书哪些问题，有些孩子可能在别人的启发下，能模仿性地提出问题，动态生成。

环节三：分析数学问题

（一）聚焦问题

师：这么多问题，你想先解决哪个问题？为什么？

生1：我先解决问题1，知道第二层的本数，就能解决问题3。

生2：我先解决问题1和2，知道第二层的本数和第三层的本数，就能解决问题3、4、5、6。

【设计意图】通过问题引导学生思考怎样解决问题，培养学生逆向思考问题的能力，也就是要解决某一个问题，我们需要知道哪些已知条件，虽然一年级的学生还不能用语言表达出来，但这种思维方式要从一年级开始培养。

（二）逐级解决问题

聚焦问题：第二层书架上有多少本书？

师：要解决这个问题，我们需要哪些信息？为什么？

生1：第一层13本，第二层比第一层多8本

师：为什么选这两条信息？

生2：求第二层的，肯定需要第二层的这条信息，第二层比第一层多8本，说明第二层的本数和第一层有关系，所以还需要第一层13本这条信息。（师将两条信息板书在问题1的前面）

师：第一层13本，第二层比第一层多8本，第二层有多少本？这两条信息+一个问题，才是完整的数学问题，来，我们齐读一下。

聚焦问题：第三层书架上有多少本书？需要哪些信息？

指名学生说一说，并板书好完整的问题，全班齐读问题。

【设计意图】通过寻找相关信息，明确数学问题的完整呈现形式：两个已知条件+问题，通过让学生读一读问题，培养学生的数感，在朗读中感悟，在朗读中加深理解。

环节四：解决数学问题

1. 解决问题1

师：这个问题怎么解决？你会解决吗？请拿出学习单画一画、算一算。

学生活动：独立思考，画一画、写一写，教师巡视指导。

组织学生交流解题的想法。

投影展示学生作业。

预设 1. 第一种：列算式 13+8=21（本）

引导学生质疑：为什么是 13+8？

预设回答：第一层是 13 本，第二层比第一层多 8 本，就是比 13 多 8，所以 13+8（学生回答的时候板书）

师：你能用画图的方式来解释吗？我们来看看下面这个同学的作业，你能看懂吗？

预设 2. 第二种：

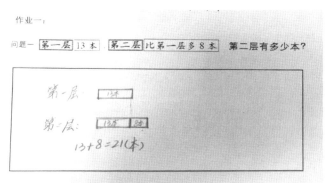

生生质疑、释疑。预设：问题一：8 是什么意思？问题二：为什么是加 8？问题三：21 表示什么？（引导学生结合图形来解释算式）

预设 3：还有一个同学是这样做的，你能看懂吗？

师带着学生一起梳理小结：(课件播放画图解决问题的过程）通过画一画，我们解决了"求比一个数多几的问题"。

【设计意图】通过展示不同学生的作业，感受解决问题策略的多样性，并且能用画图等直观表征方式解释思维过程，培养学生数学表达的方式和能力，让思维可视化。

2. 解决问题 2

师：要解决这个问题，我们需要哪些信息？

学生选择信息，指名个别回答。

师：第一层 13 本，第三层比第一层多 9 本，第三层有多少本？这个问题会解决吗？想不想自己动手写一写。请拿出学习单，完成学习单的填写。

学生独立解决问题，师巡视。

指名个别同学回答。

预设一：题目说第三层比第一层多 9 本，也就是比 13 多 9，所以要用 13+9=22（本）

预设二：上一题是 13+8，所以这一题是 13+9。

预设三：第二层是 21 本，第三层比第二层多 1 本，所以用 21+1=22（本）

【设计意图】问题 2 同问题 1 是同一水平的问题，目的是通过练习，了解学生知识掌握情况，复习巩固应用，根据课堂生成，展示不同的解决问题方法，培养学生思维的灵活性和思维的深度。

环节五：巩固迁移，灵活应用

师：两周后，笑笑他们分别读了多少本书呢？我们一起来看看。我们一起读一读。

1. 选信息提问题

（1）我们先来玩一个选信息提问题的游戏，需要四个同学，游戏规则：a 同学选两个信息，b 同学提出一个数学问题，c 同学把信息和问题完整地读一读，d 同学列式。

（2）师请三名同学一起，示范玩游戏。

（3）四人小组合作玩游戏。

（4）指名 1—2 个小组展示。

2. 还想玩吗？好的，请拿出学习单完成作业二。

（1）生独立填写学习单。

请在学习单上选择需要的两条信息，根据圈出的信息提出一个数学问题并解答。

（2）展示交流，错例分析。

（3）分享交流修正。

我圈出的信息是（　　）和（　　），根据信息我提出的数学问题是……我的算式是……大家有疑问或建议吗？

【设计意图】此环节主要目的就是巩固应用，提供了 5 条信息，为不同层次的孩子提供了学习材料，不同的孩子，在本节课中有不同的收获。通过阅读，让学生感悟信息和问题是否匹配，培养质疑反思的良好品质，让每一个孩子都经历发现问题、提出问题、分析问题、解决问题的过程，提升思维能力。

活动设计：探究升华迁移

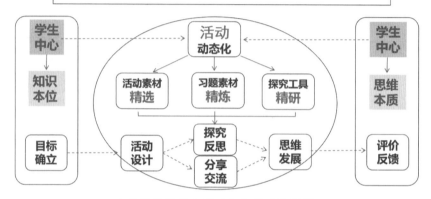

小学数学教材内容动态化呈现流程图

　　动态呈现教材活动，让知识探究产生思维碰撞、产生深度思考、产生高阶对话。因此活动设计的动态化呈现主要聚焦于活动素材的精选、习题素材的精炼、探究工具的精研，从而提升了学生的学习过程、探究质量和学习效果，也促进了学生举一反三、学习迁移能力的发展。

案例 17：以动研驱动静思，理解圆的特征

——"圆的认识（一）"一课教学实践

深圳市宝安区海城小学　赖允珏

【课例背景】

《义务教育数学课程标准（2022 年版）》指出："空间观念主要是指对空间物体或图形的形状、大小及位置关系的认识……空间观念有助于理解现实生活中空间物体的形态与结构，是形成空间想象力的经验基础。"空间观念的发展并不局限于表象的形成，"形"与"特征"的互逆联系是发展空间观念的关键所在。

"圆的认识（一）"是北师大版六年级上册第一单元内容，是学生研究曲线图形的开始。学生对圆并不陌生，他们在生活中积累了大量与圆有关的感性经验，例如：圆是曲线图形，它没有角，可以用圆规画圆等。通过调查发现，大部分学生都听过圆的各部分名称，但不清楚圆的定义，不能很好地用圆规画圆。可见，从直线图形到曲线图形的跨越，学生在概念理解和研究方法上都存在困难。因此，我们将教学内容中的问题情境动态化呈现、学习活动动态化开展，使得学生能对圆的定义、各部分名称及其特征有更加直观、深入的理解。

【学习目标】

在套圈游戏的具体情境中，体会圆"一中同长"的特点，体会圆的结构特征。

在画圆的过程中，理解半径、直径以及半径和直径之间的关系，体会圆心、半径的作用。

在操作、想象的过程中，掌握圆规画圆的方法，发展空间观念，获得相关的活动经验。

【学习活动】

活动一：动态呈现情境，感受圆的特征

创设套圈游戏的情境，并抛出核心问题：站位是否公平？为什么？先呈现学生在生活中常见的套圈站位，即大家站在一根线上；再呈现正方形站位；最后引导学生对正方形站位进行调整最终形成圆形站位图。

师：同学们正在进行套圈游戏，这个站位公平吗？为什么？

生1：我认为公平，大家都在一条直线上。

生2：我认为不公平，我们把同学和红旗连起来，发现中间的女孩离红旗最近，两旁的同学离红旗最远，所以不公平。

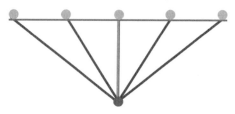

师：看来公不公平取决于大家离红旗的距离是否一样。那你觉得怎样的站位是公平的呢？

生：大家围成正方形的站位。

师：是这样吗？其他同学认可吗？

生1：虽然正方形四条边的长度一样，但是站在顶点的四位同学到红旗的距离还是比站在边上的四位同学到红旗的距离更远一些，还是不公平。

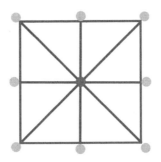

师：同学们有什么好的调整办法吗？

生1：站在四个顶点的同学可以往里面走走，保证到红旗的距离和另外四位同学一样即可。

生2：站在边上的同学可以往外走走，保证到红旗的距离和站在顶点的同学一样也行。

师：那我们来看看这样调整之后，站位会变成什么样？

生：变成了一个圆形！

师：我们来看看如果参与套圈游戏的同学越来越多，是不是站位就变成了一个圆形。

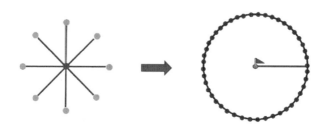

【设计意图】基于学生的生活经验和认知水平：常见的套圈站位是站在一根直线上，以及正方形方方正正的特点看似公平。在此环节先出示前两种站位，让学生辨析，最后通过调整站位这一动态化的形式，让学生直观地看到如何从正方形变成圆形。在连点成圆的动态化呈现中，学生对圆的特征有了更加深刻和直观的认识。

活动二：动态开展活动，探索圆的特征

第一个环节让学生初步感受圆的外在表象特征，此环节则聚焦"画圆"活动，引导学生探索圆的内部结构特征。

师：圆有什么特点呢？请小组合作，选择合适的学习材料尝试画一个圆。

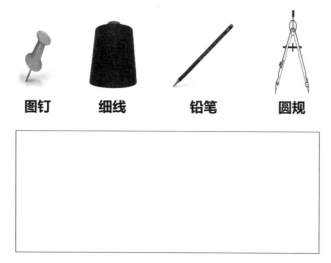

生1：我们选择用图钉、细线和铅笔画圆，先把细线的一端系在图钉上，另一端系在铅笔上，然后把图钉按在纸上不动，转动铅笔，笔尖的轨迹就形成一个圆。但我们在操作中若细绳没有拉紧，画出来的圆就不圆了。

生2：我们选择用圆规画圆，针尖按在纸上不动，把笔尖拉开一定的距离，然后捏着手柄转动一周，就画出一个圆形。转动的时候要注意针尖和笔尖之间的距离不变。

师：老师用一只手也能画一个圆，你们瞧！

师：请仔细观察这三种画圆的方法，它们有什么相同点呢？（播放三种画圆方法的动图）

生1：这三种方法都有一个固定点，有的是大拇指，有的是图钉，有的是针尖。

生2：旋转的点到中心的距离都不变。

师：同学们善于观察，画圆时，需要有一个固定的点，还要有一个固定的长。固定的点就是套圈游戏中的小红旗，固定的长度就是大家到红旗的距离。

师：我们把定点叫作圆的圆心，用字母 O 表示；把定长叫作圆的半径，用字母 r 表示；把经过圆心且两端在圆上的线段叫作直径，用字母 d 表示。

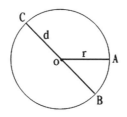

【设计意图】"一中同长"的关键在定点和定长,如何让学生更加深刻地理解其意义,本环节将三种画图方式动态化呈现,让学生先亲身操作,再进行对比,发现三者之间的共同点,最后感受定点和定长在画圆中的重要作用。

活动三:经历观察活动,梳理圆的特征

在探索圆的内部结构特征后,本环节通过对比、观察等方法,引导学生梳理圆各部分之间的关系。

师:请同学们将手中的圆形纸片折一折、比一比,并标出圆心、直径和半径,说一说你的发现。

生1:将纸片对折两次能够找到圆心。

生2:半径的长度是直径的一半,也可以说直径的长度是半径的两倍。

生3:圆只有一个圆心,但是有无数条半径和直径。

师:请仔细观察这满面黑板的圆,请思考,为什么有的圆大、有的圆小,有的圆在上边,有的圆在左边呢?(老师把大小不同的圆贴在黑板的不同位置上,引导学生观察)

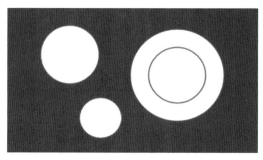

生1:半径大,圆就大,半径小,圆就小。

生2:圆心在哪里,圆就在哪里。

师:同学们通过观察,梳理了圆的特点。圆心决定圆的位置,半径决定圆的大小。在同一个圆中,只有一个圆心,有无数条半径和直径,直径是半径的2倍。

师:早在《墨经》中就对圆有解释:"圜,一中同长也。"你能用今天所学的知识解释一下吗?

生1：一中是指每个圆只有一个圆心。

生2：同长指圆心到圆上的长度都相等。

【设计意图】通过对同一个圆的各部分进行对比，梳理半径和直径之间的关系；通过对不同的圆进行对比，梳理圆心和半径的作用；最后与古代数学知识相联系，让学生在"形"与"特征"中加深对圆的概念的理解。

案例 18：教材动态呈现，让学习真实发生

——"四边形分类"一课教学实践

深圳市宝安区天骄小学　袁伯维

【课例背景】

"四边形分类"是北师大版四年级下册第二单元内容，属于空间与图形领域版块。在此之前，学生在二年级下册第六单元已认识了长方形与正方形的特点，以及在其他年段学习了平行线、角等方面知识。我们从"图形的认识"大概念视角看四边形的分类学习内容，不难发现学生已能较为准确地辨别出平行四边形与梯形。如果仅仅只是开展简单的"分类"学习活动，除了激活学生已有的生活经验，并未让他们认识到图形的数学本质，即"形"的同质化与个性化，进而理解图形之间的关系，发展空间观念。基于以上的理解，本课该如何让学习真正发生，让学生能进一步认识和理解图形的特点以及它们之间的关系呢？

教材的动态化呈现及过程处理，有助于学生更好地理解和迁移应用知识。我们从教材内容构成来看，教材内容由 8 个图形和 4 个问题串组成。这些静止的图形并不能很好地引发认知冲突，因此在出示教材主题图时，我有意地将教材情境图中的 4 号梯形旋转（上底长、下底短），让部分学生对梯形上底（短）、下底（长）的固有思维认识当作有效的错误教学资源，以此加深对梯形的特征认识；把 3 号菱形放入"练一练"习题中交流，减少对重难点学习过程的干扰，待学生们已掌握分类标准后，再将方法迁移到对菱形的分类讨论，提升空间观念。与此同时，为了帮助学生建立一个结构化知识网络，形成高阶思维，我采用了动态化呈现的方式，通过"猜一猜""摆一摆""剪一剪"等活动，促进学生思维动态的形成与发展。

【学习目标】

1. 经历四边形分类的过程，进一步认识平行四边形，了解梯形的特质。

2. 通过猜一猜、剪一剪等活动，体验感知长方形、正方形是特殊的平行四边形的关系。

3. 经历观察、比较、分类的活动，培养学生动手操作、探索能力，发展空间观念。

【学习活动】

活动一："玩"中画线，再识平行线

上课伊始，在黑板上张贴好一条直尺教具，讲台上摆放一条不等长直尺（为学生用另一条直尺动态摆出"对边平行"做准备），并引导学生回忆有关平行线知识。

师：同学们，四年级上册我们学习了平行线的有关知识。时隔半年，你们是否还记得呢？

生：两条线不相交，这两条线互相平行。（学生七嘴八舌地回答）

师：我来考一下大家：老师把教具直尺贴在黑板上，哪位同学能在黑板上摆出它的一条平行线呢？

师：同学们，是用他的短直尺，还是用老师的长直尺。（生笑）

生1：（有意刁难同学）拿着短尺在黑板摆出它的平行线。

师：他摆对了吗？怎么长短不同的尺子，也能摆出一组平行线呢？

生1：直线可以向两端无限延伸，这不就跟长的直尺互相平行啦！

生2：虽然长短不同，但是只要不相交，两条线就互相平行。

师：说得有道理。同时沿着尺子画出两条线，并板书：平行线。

师：再请两位同学，用这两把长直尺摆出既要与刚刚的平行线相交，又要互相平行的一组平行线。

生：摆好啦。

师：同学们，我们把相交的四个点涂上红色，擦掉延长的线，留下四条

线段，它们围成了一个四边形。板书课题：四边形

【设计意图】学生在第一学段已经学习了长方形、正方形的特征，初步认识了平行四边形特点。本环节学生在"摆中玩—玩中想"的过程中发展了解决问题的能力，更是借助长短不同的尺子具象表征了一组平行线可两端延伸的思维可视化，进一步突破了梯形上底和下底长度不同、互相平行的难点，为下一环节"图形分类"做铺垫。

活动二："摆"中分类，明晰图形标准

学生在认识了"四边形"基础上，每个小组一套 7 个图形学具（下图）进行合作交流确定分类的"标准"。

师：说到四边形呀，老师还带来了不同的四边形，请看大屏幕。

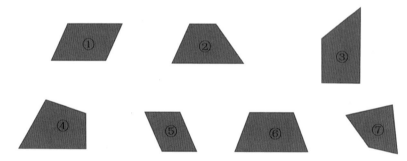

师：先给这些四边形分类，再说一说你是怎么分的？将你的想法记录在学习单上。完成后，在小组内交流你的想法。

（学生填写学习单并小组交流，教师巡视指导）

师：哪个小组来合作？一位汇报图形分类的方法，一位利用这 7 个图形教具进行演示。

生 1：我把 1、5 号分一组，它们都是平行四边形。把 2、6 分一组，它们都是梯形。把 3、4、7 分一组，它们是不规则四边形。

师：你们同意他们的分法吗？

生：同意、不同意。（出现了两种不同的声音。）

师：请你们小组来说不同意的想法。

生 2：应该把 3 号分在梯形一组。你看（学生自行地走上讲台）把 3 号图形旋转，它就跟 2、6 号图形形状一样是梯形了。

师（见在黑板演示汇报的两位同学也点头表示赞同）追问道：图形的大小不同，摆放的位置也有不同，你们是按什么标准进行分类的呢？（板书：分类）

生1：跟刚刚学的平行线有关系。

生2：平行四边形有两组对边平行。梯形只有一组对边平行。

师：那没有平行线的四边形呢？

生：那就叫普通四边形。（生笑）

师：同学们能明白他的分类方法吗？

生：他的意思是将四边形按是否有平行线的标准分类，有两组平行线的分一类，叫平行四边形。只有一组平行线的分一类，叫梯形。没有平行线的叫不规则四边形。

师：你们真不错！一下将分类标准找到了。（板书：平行四边形、梯形、不规则四边形）

【设计意图】学生在日常生活和学习中，对平行四边形和梯形的认识有了一定的经验，大多数学生能快速地辨识出图形名称和分类。在本环节的学习活动中，有意地将教材情境图中的4号梯形旋转，让部分学生对上底（短）、下底（长）的定式思维认识成为有效的错误教学资源，加深对梯形的特征认识。

活动三："猜"中建构，辨认图形特征

将图形放入信封，动态出具图形的一部分，让学生窥豹一斑辨别图形名称。

师：接下来，我们来玩一个快速反应的游戏。猜一猜信封装着什么样的四边形？看谁能快速准确地说出它的名称，我就把这个图形送给他。

师：信封中放大小不同的平行四边形、梯形，按下图出示。

师：同学们，猜得又快有准。怎么大小不同的图形，你们都能快速地猜出它们的名称。

生：不管四边形的大小，只要判断有两组平行的四边形就是平行四边形，只有一组对边平行的四边形就是梯形。

师：看来刚刚的游戏没有难倒大家。我再抽一个四边形，请同学们猜出它的名称。

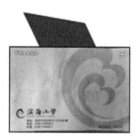

生1：平行四边形。

生2：不对，是梯形。信封隐藏的另外一条边是这样子的话（学生手比画着）。

生3：老师，太坑人了。如果有两组平行线是平行四边形，如果只有一组平行线就是梯形。

师：它会不会是不规则四边形呢？

生：不可能。已经有一组平行线了。

师：现在我揭晓答案。

【设计意图】有意思的"猜"图形游戏活动，充分地调动了学生的学习积极性。在"猜"中辨识图形的特征，巧妙地进行了图形特征的二次建构，不仅强化了对四边形图形特征的认识，还发展了学生的空间能力，让学习真正发生。

活动四："剪"中体验，了解图形间关系

利用四边形图形相同与不同的属性特点，通过图形"剪一刀"的活动，构建图形间的关系网。

师：我们换一个游戏规则。我只说信封里面图形的特征，你们来猜四边形的名称。

师：这个四边形有两组平行线。

生1：平行四边形。

师：你们同意吗？那我把这个图形送给他了。真送给他了。

生2：我觉得有可能是长方形。

师：他猜是长方形，你觉得有没有可能？为什么？

生3：我觉得有可能。因为长方形的两组对边也都是平行的。

师：（揭晓）果真是一个长方形。那我把图形送给猜长方形的同学了？

生4：老师，猜平行四边形的同学也没有错。长方形是特殊的平行四边形。

师：大家都觉得有道理。这下让我为难了？一个图形怎么分给两个猜对的同学呢？

生：撕呗（生笑）。

师：你的意思是不是分出两个图形给他们。不错的建议。请同学们拿出信封2中的图形，只剪一刀，分出两个学过的四边形，得到什么图形就分享给猜对的两位同学。

生1：我将长方形剪出了两个三角形。

生2：我将长方形纸剪出两个梯形。

……

生3：似乎没办法只剪一刀得到一个长方形和平行四边形。

（沉默一阵）

生4：将这个长方形对折剪开，分成一个长方形和一个正方形。长方形纸给猜平行四边形的同学，正方形给猜长方形的同学。

师：为什么呢？

生4：因为长方形是特殊的平行四边形，正方形是特殊的长方形。这样他们都拿到了自己猜对的图形啦。

师：似乎好多同学不明白你的意思。为帮助同学们理解，PPT上有一个大圈、一个中圈、一个小圈，大家觉得哪个圈代表所有的平行四边形，哪个圈代表所有长方形，哪个圈代表所有正方形？同桌间商量商量。

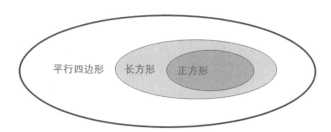

生1：我觉得正方形是小圈，应该放在长方形圈里面，长方形圈应该放进平行四边形的圈里面。（边演说，边借助多媒体拖动PPT中代表各图形的圈）

生2：我打个比方。长方形首先是一个平行四边形妈妈孵化的宝宝，慢慢长大了，有了自己专属特征了。（全班笑）

师：那为什么把正方形放在长方形的圈里面呢？

生1：正方形首先是长方形宝宝，长大了就成了正方形了。

生2：正方形是特殊的长方形。它不仅四个角都是直角、对边平行，还有四条边都相等。所以正方形放在长方形圈的里面。

师：笑过之后有思考。现在再来看"剪一剪"的活动。采访一下，猜平行四边形的同学。他把剪出的长方形分给你，符合平行四边形的特征吗？

生1：符合。长方形是特殊的平行四边形。

生2：我的也符合。正方形是特殊的长方形。

师：老师为你们点赞。你们不仅了解图形的各自特征，还能准确地找出它们之间的联系。课后，你们还可以对本节课四边形与特殊四边形之间的关系用画圈的方式表达。

【设计意图】通过"剪一刀"分出两个图形的学习活动，将问题聚焦长方形、正方形是特殊的平行四边形的关系上，再经过哪类图形是"大、中、小圈"的思辨交流，有助于学生理解三个圈（韦恩图）的包含关系。

活动五："补"中拓展，发展空间观念

将教材"练一练"第4题拼图形的学习设计作为拓展活动，进一步发展学生的空间观念。

师：在刚刚"剪一刀图形"的活动中，老师剪了一个三角形（红色）。你们猜一猜，原来我拿的会是什么图形？

生1：我猜是平行四边形。补充一个梯形就可以得到一个平行四边形。（PPT出示图2）

生2：我觉得可能是长方形。（跑到屏幕用手比画）如果把梯形这样摆，它就是一个长方形。

师：同学们，大家观察一下图1和图2，你们有什么发现？

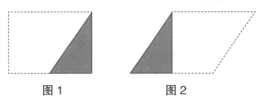

图1　　　　图2

师：真不错！图形分分合合，原来那么有趣。

【设计意图】将教材"练一练"第4题拼图形的学习活动，改编成更有挑战难度、发展学生空间观念的"补一补"活动，再次清晰图形特征。同时在比较的探索过程中，为后面图形变换探索面积计算公式做铺垫。

案例 19：有序探寻，让优化思想落地生根

——"包装的学问"一课教学实践

深圳市福田区东海实验小学　蔡晓欣

【课例背景】

"包装的学问"是北师大版五年级下册"数学好玩"的内容。本节课是在学生掌握了长方体特征、长方体表面积、体积的计算以及分割、合并等有关知识的基础上，进一步探索几个相同长方体组合成新的长方体，使其表面积最小的优化策略，发展优化思想。我们知道，优化思想不是知识，它看不见，摸不着，无法直接传授，只能在活动中感悟。它蕴含于多样化的解决方案中，需要学生在一次次对比后归纳总结、提炼升华，才能落地生根。为了渗透优化思想，教材设计了"包糖果"和"包磁带"两个探索活动，使学生综合应用表面积等知识研究如何节约包装纸的问题。链接"荐"解丨第4期：跨学科主题学习的"两种类型"和"两个境界"。

对于五年级的学生而言，他们本来就处于具体运算阶段，对于抽象的数学思想方法容易出现感知困难。而优化思想的体悟，需要建立在探究包装多个长方体的最佳方案的基础之上，这无疑对空间想象、运算能力、逻辑推理都提出了较高的要求，势必让学生背负繁重的认知负担。

笔者在多次试教中发现，庞大的计算体量让孩子们疲于应付，不合理的时间分配让学生对优化思想的领悟被弱化。尤其是到了探索包装四个长方体表面积最小的策略时，按照教材的编排，学生需要拼摆实物、画出草图、枚举摆法、计算表面积、比较数值，这无疑给学生造成沉重的认知负荷。随着优化思想渗透的进程被缩短，学生被推着进行归纳和总结，对优化思想的感悟不充分、不深刻、不全面。要发展优化思想，就要让学生从繁琐的计算、画图活动解放出来，进而腾出宝贵的认知资源去理解、消化、整理。在这

里，笔者改进了教学设计，以期降低学生的外在认知负荷。

【学习目标】

1. 利用表面积等有关知识，探索多个相同长方体叠放后使其表面积最小的最优策略；

2. 在解决包装问题的过程中，体会策略的多样化，发展优化思想。

【学习活动】

活动一：素材动态呈现，彰显优化本质

1. 计算论证，探究最优方案

出示绿豆糕盒及其尺寸（长 20，宽 15，高 10）。

提出问题：两盒绿豆糕包成一包，有几种不同的方案？哪一种最省材料？（接口处不计）

小组合作：共同研究两盒糖果包在一起的方案，并讨论出最节约包装纸的方案。

活动要求：

（1）摆一摆：摆出了（　　）种包装方案。

（2）猜一猜：摆的第（　　）种方案最节约包装纸。

（3）算一算：（完成图 1 右侧表格）

	摆法	表面积（接口处不计）
方案1		
方案2		
方案3		

	草图	长/mm	宽/mm	高/mm	表面积/mm²
第1种方法					
第2种方法					
第3种方法					

图 1　教科书设计的表格（左），笔者设计的表格（右）

【设计意图】对于五年级的学生，他们的思维还难以离开具体可感的数据支持。因此，作为本节课的第一个探究活动，务必要做细做实，绝不能够跳过计算讲推理。起初，笔者想采纳教科书设计的表格（如图1左侧）组织学生计算，然而经过实践发现，受到表格的限制，学生的算法趋于同质化，都是计算出组合图形的长、宽、高，再代入公式计算，而这种算法其实并不利于孩子们根据计算的过程去发掘优化的关键。为了让学生的算法不被学习单所局限，笔者设置了更具开放性的表格（如图1右侧表格），并让学生用简洁的方式记录摆法（比如，重叠了两个大面就记成"2大"）。

这样的活动，让学生亲历"动手拼、动笔写、动嘴说"的过程。严谨的数据论证和理性的思辨活动，让学生在第一个操作活动就搭建好基本的认知图式，这有助于学生的知识内化和能力迁移，学生对优化过程的体验才不会只停留在模糊的、浅层次的感受上。

2.动态呈现，聚焦优化关键

小组同学上台，拿实物教具展示三种摆法。

生1：有三种摆法，分别是大面重叠、中面重叠和小面重叠。

生2：从这个过程中我们很容易发现，包装盒的面积就是两个长方体的表面积减去中间重叠部分的面积。

在学生用实物教具展示后，笔者利用希沃白板绘制出长方体的透视图，动态呈现两个长方体拼在一起的过程。

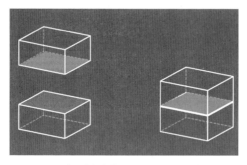

图2　动画播放前（左侧）后（右侧）

【设计意图】在汇报摆法的过程中，学生拿实物模型动态演示；教师通过技术做了长方体的透视图、对重叠面进行了涂色处理，并用动画还原了长方体拼接的过程。这样强烈的视觉刺激使同学们将注意力聚焦在他们的重叠面上。直观、形象的动画与切身的实操体验相交融，促进学生理解，所需包装纸的大小就是两个小长方体的表面积之和，减去重叠面的面积。

3.沟通联系，领悟优化本质

教师展示学生的两种不同的算法。第一种算法是分别测出组合图形的长、宽、高，再代入长方体表面积公式计算，这不便于学生分析最省材料的原因。所以把分享的重点放在了第二种算法上（如图3）。

师：他是怎么算的，你看懂了吗？

生1：他是用两个小长方体的表面积之和，减去重叠面的面积。

师：哪种方案最省材料？为什么？

摆法		表面积（接口处不计）
方案1	2大	1300×2－300×2＝2000（cm²）
方案2	2中	1300×2－200×2＝2200（cm²）
方案3	2小	1300×2－150×2＝2300（cm²）

图3

生2：第一个方案最省材料，从结果看它只用了2000平方厘米的包装纸，比其他的两种方案都小。

生3：从算式上看，因为它交接的两个面的面积是最大的，减掉的面积也是最多的。（一边讲，一边调用红色的记号笔将剪掉的面积标出来，如图2）

师：恭喜你！找到了让表面积最小的关键！谁能说说关键是什么？

生4：重叠面的面积越大，表面积越小。（教师板书）

师：刚刚咱们为了解决问题设计了三种不同的方案，通过对比找到了最佳方案，这一过程就是"优化"思想的体现。

【设计意图】计算过程（如图3）和拼摆过程的互相佐证，让学生的分析更加言之有物。而深入的思考、严谨的推理，也让优化思想的明示顺理成章。扎实深刻的经历，是为了让学生在后续解决同构问题时，首先想的不是套公式计算，而是牢牢地抓住节省材料的核心，就是看哪个重叠面积最大。总而言之，探索活动一中多维度、多层次的动态化呈现，成就了学生对优化关键的透彻理解。良好的认知结构一旦形成，新的图示的构建与自动化便水到渠成。

活动二：借助有序对比，提升优化效率

1.分类讨论，活用优化策略

提出问题：四盒绿豆糕包成一包，有几种不同的方案？哪一种最省材料？（接口处不计）

学生每用实物模型展示一个摆法，教师就利用"触发器"在希沃白板上弹出相应的示意图，并在学生判断这个方案重叠了哪些面后，弹出文字标注。

图4

教师指向左、右两种摆法：这两种摆法最大的区别是什么？

生1：左边的重叠面只有一种，右边的有两种。

师：哪个小组的摆法和左边的类似？

第二个小组上台，摆出重叠6个中面和6个小面的两种方案。

师：在左边的三种摆法中，哪一种最省材料？为什么？

生2：6个大面重合的最省材料。他们都是6个，大面是最大的，所以省去的面积最多。

师：看来优化的思想已经在你的大脑里生根发芽了！

同样的方式探讨右边的三种方案，得出重叠了4个大面、4个中面的摆法最省材料。

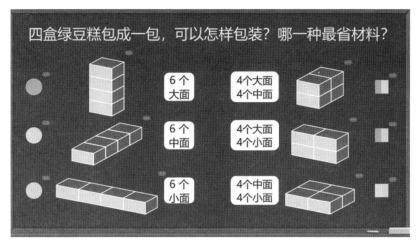

图 5

【设计意图】本节课中的第二个探索活动是将 4 盒绿豆糕包成一包,其包装方法共有六种,对大脑信息暂存的要求较高。如果不分类进行,学生在探究和交流时,必然没有头绪,脚踩西瓜皮,滑到哪里是哪里,自然难以做到不重复不遗漏。根据学生摆好的方案,在白板上用触发器弹出示意图,不仅能快速、清晰地将学生的方案记录下来,还能有效规避后续汇报的学生由于记不清楚哪些方案已经展示过而重复汇报的问题。

随后引导学生将 6 种方案分而治之,从而各个击破。可以看到在界面(图5)上,重合面相同的三个方案有序地排列在左边,学生通过观察,轻松地推理出重合 6 个大面的方案是这类方案中最省材料的。紧接着,学生也很快就判断出在右边的三种方案中,重叠了 4 个大面、4 个中面的方案表面积最小。这样一来,不用繁杂的计算,只要观察分析就能从 6 种方案中选出 2 种再做对比,优化思想的意义显而易见。

2. 对比思辨,完善优化思想

师:这两种方案中,到底是哪一种最省材料呢?

生 1:我们可以分别计算出它们的表面积。

生 2:其实不用那么麻烦了,因为重叠面面积越大,表面积越小,我们只用计算它们重叠面的面积就好了。

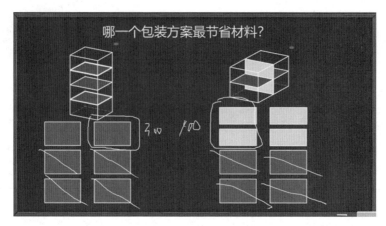

图 6

　　教师用希沃白板的触发器功能弹出两个组合图形的重叠面，学生上台，用记号笔抵消掉两边相同的四个大面，再分别计算出剩余重叠面积的一半。

　　生：重叠了 4 个大面、4 个中面的方案表面积最小。

　　【设计意图】将两种摆法的重叠面整整齐齐地罗列在板书（图 6）上，这样的设计能够较好地渗透数学中分解、抵消的解题方法。通过人机交互活动，学生高效、准确地得出结论。在解决问题的过程中成功地突破了思维定式：并非简单重叠最大的面就能最节约包装纸，还得根据具体问题具体分析。优化意识在思辨中进一步唤起，优化思想在思辨中不断完善。就这样，笔者以数形结合的方式，引导学生自主得出规律，既形象直观，又科学规范。

案例20：动态化学习路径，让转化思想结构化

——"平行四边形的面积"一课教学实践

深圳市福田区荔园外国语小学（水围） 郭敏敏

深圳市宝安区西湾小学 陈永畅

【课例背景】

本节课是北师大版五年级上册第四单元第3课第1课时，属于"图形的认识与测量"模块，前面已有长方形面积、正方形面积、平行四边形的底和高的认识学习经验，它还将为后面学习三角形、梯形的面积计算奠定基础，起到承上启下的作用。2022版课标对于这一内容知识的要求是引导学生运用转化的思想，推导平行四边形的面积公式。激发求知欲，主动参与数学学习活动，在解决问题的过程中，体验成功的乐趣，初步养成认真勤奋、独立思考、合作交流、反思质疑的习惯。

平行四边形的面积是在学生已经掌握并能灵活运用长方形面积计算公式，理解平行四边形特征的基础上进行教学的。且在此之前，学生对于图形的转化有了初步的认识，但却没有真正体验，故本节课在学生原有的认识和体验上渗透转化思想，有一定的基础，也有一定的挑战性。"转化"一词是指从一种图形状态变到另一种图形状态的过程，本身就含有动态化的内涵，所以在本课教学时要给学生提供动态化的学具，动态化的演示，动态化的活动，动态化的迁移，让学生亲身亲历图形"转化"的过程，使图形的变化可视化，以达到发展学生空间观念和推理意识的目的。

【学习目标】

1.通过"猜想—验证"自主探索、动手实践推导出平行四边形的面积计算公式，能正确求平行四边形的面积。

2.经历平行四边形面积公式的推导过程,通过操作、观察发展学生的空间观念,通过比较、表达发展学生的推理意识,渗透转化的思想方法。

3.通过探索活动激发学生学习兴趣,培养探索精神,感受数学知识的奇妙。

【学习活动】

活动一:情境动态呈现,引出真实问题

谈话引入,课件呈现如下图片情境,引出本课的大问题:如何计算平行四边形的面积?让学生独立思考,全班自由讨论。

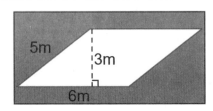

师:如图,公园准备在一块平行四边形空地上铺上草坪。如何求这块空地的面积?说一说你的想法和理由。

师:如何计算平行四边形的面积?

(学生思考片刻)

师:大家可以继续思考,我们会求什么图形的面积?我们可以用哪些方法求图形的面积?

生1:我们已经学了长方形和正方形的面积公式,都是将两条边相乘,平行四边形的面积应该也跟它的两条邻边有关。

生2:我觉得应该是平行四边形的两条邻边相乘,长方形的面积就是这样算出来的。

生3:这里平行四边形的底是6,高是3,我觉得平行四边形的面积应该和它的底和高有关。

【设计意图】用真实的情境激发学生的学习欲望,继而直接引出本课的核心问题。通过复习前面所学知识以及求面积的方法经验,为探索平行四边形的面积计算方法做知识铺垫,学生的发散思考碰撞出了问题的关键点。

活动二：教具动态演示，验证公式猜想

用教具（平行四边形的四边可以动，但边长不变，平行四边形的高不变）进行场景动态展示，让学生接着猜想平行四边形的面积公式，引发学生思考，师生交流猜测结果。

（教具、课件演示）

师：大家请看，请大家仔细观察图形的变化，思考：1.拉的过程中什么在变？什么没变？ 2.平行四边形的面积会跟什么有关？

（师演示教具）

生 1：我看到拉的过程中平行四边形的形状变了。

生 2：越往上平行四边形越大，越往下平行四边形越扁。

生 3：拉的过程中，平行四边形的两邻边长度没变，但形状变，面积变，高也在变。

生 4：对，平行四边形的面积应该不是邻边相乘，如果是邻边相乘，那拉的过程中所有的平行四边形的面积都一样了，但显然不是。

师：你真会推理！那大家再思考一下，如果不是两条邻边相乘，平行四边形的面积会跟什么有关呢？

生 5：我觉得应该跟高有关，因为在拉动的过程中，形状在变，邻边的长度虽然没变，但高也在变。

师小结：拉的过程中，平行四边形的两邻边长度没变，但形状变，面积变，高也在变。平行四边形的面积可能和高有关。

【设计意图】平行四边形的面积可能和高有关，但由于高是头脑中想象的一个概念，学生很难关注到。因此，用一个直观的教具将平行四边形原来的高固定下来，这样拉的过程中，学生直观地感受到随着拉的幅度越大，裸露的高超过底边越多，变化后的高越小。这样动态的演示，平行四边形的面积和高有关就直观地显示出来啦。

活动三：合作联结旧知，压实猜想验证

引导学生用以前学面积时用的面积板来进行验证，小组合作，全班交流方法，师最后课件演示。

师：同学们，之前我们在学面积时就用到面积板来算一个图形的面积，今天我们也先用面积板来讨论平行四边形的面积，请大家拿出桌上的练习纸，1个小方格就是1，请大家数一数这个平行四边形的面积是多少？

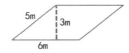

【设计意图】 在长方形面积公式的推导中，曾经安排学生用平方厘米的单位来摆一摆，这就形成了面积板这一教学用具的表象。这里借助面积板，既是回顾旧知，同时也渗透"所有图形的面积计算方法都是在面积板无法解决面积问题时的变通"的思想。

（小组利用练习纸合作探究）

师：你是怎么数的？半个、小半个怎么数？

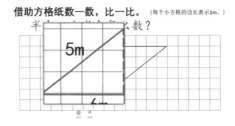

（在白板上用放大镜功能，提问半个、小半个怎么数？）

生1：先数整个的小方格有12个，不够整个的将图形拿下来和右边拼成一个小方格，拼完后一共有18个小方格，所以是18平方厘米。

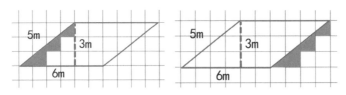

生2：我们可以将右边有半个小格子的整个三角形整体一起移到右边拼成一个长方形，这样就可以数出来了，一共是18平方厘米。

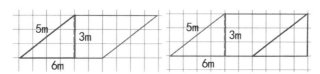

生3：可以将两端的三角形割下来转一下补到上面去，这样也变成了一个长方形，没有半个、小半个的格子了，一共是 18 平方厘米。

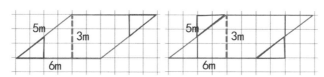

师：这里第二种方法和第三种方法有什么相同之处？

生1：虽然移动的位置不同，但都是通过割补转化成了长方形。变成长方形后感觉好数多了。

生2：对！变成长方形还可以用面积公式直接计算。

师追问：变化前和变化后两个图形有什么关系？

生：只是把一些半个的、小半个的图形补上去变成一个小正方形，两个图形的面积是一样的。

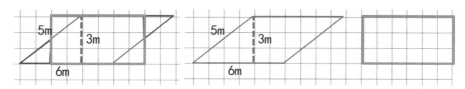

师生小结：（课件演示梳理）将平行四边形剪拼成长方形，形状变了，面积没变，长方形的长是平行四边形的底，长方形的宽是平行四边形的高。所以平行四边形的面积 = 底 × 高

【设计意图】用方格纸来数图形面积的方法是在推导图形面积公式时一般会用到的方法，学生容易想到且易操作。学生在数的过程，能意识到将不完整的三角形进行割补，拼成一个完整的三角形，为之后平行四边形转化为长方形做铺垫。动态化的活动过程让转化过程可视化，降低了推理的难度，让推理过程顺应自然而发生。

活动四：活动动态组织，体验转化思想

引导学生再次猜想平行四边形的转化路径，组织学生进行自主验证，全班交流后，用长方形的面积公式推出平行四边形的面积公式。

师：所有的平行四边形都可以剪拼成一个等底等高长方形吗？

生：经过刚才的活动，我们可以通过将平行四边形割、补之后变成长方形，我觉得所有的平行四边形都可以剪拼成一个等底等高长方形。

师：非常好的想法，但口说无凭，我们来一起验证一下吧，请同学们拿出事先准备好的平行四边形和剪刀尝试一下，并将自己的过程记录在探究单上。

（学生自主探索，验证猜想）

学 生 探 究 单

剪拼前	怎样剪拼	剪拼后
变	（　　　）变了	
不变	（　　　　）没变	
我的结论：		

（选几组有代表性的展示汇报）

师梳理并小结：

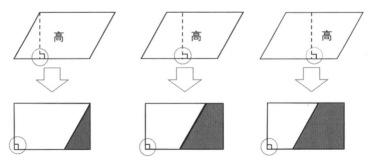

平行四边形的底是长方形的长，高是长方形的宽

长方形面积 = 长 × 宽 → 平行四边形的面积 = 底 × 高

【设计意图】学生从数格子时用到的割补法迁移到将平行四边形用割补法

转化为长方形来求面积,符合学生的思维发展。在自主探究中区进行"剪、拼、想、说"这一系列的活动,推理过程悄然发生,让学生在探索活动中完成对知识的主动构建,对以后学习三角形、梯形的面积奠定方法基础。

活动五:练习巩固迁移,运用转化思想

回顾收获,教师引导学生再次总结平行四边形转化为长方形的过程以及平行四边形面积公式的推导过程,练习应用,巩固提升。

师:同学们,今天的课大家有什么收获?

生1:我学会了计算平行四边形的面积,是用底乘高。

生2:我知道在不知道一个图形的面积的时候可以选择用面积板来数。

生3:我学会了转化的方法,在遇到没有学过的图形求面积时,我们可以通过割补变成自己熟悉的图形,这样求面积就变得简便多了。

师:同学们真不错!希望大家能够将所学知识灵活运用,下面我们一起来看几道练习题,运用一下吧!

1. 基础运用:用公式解决情境问题

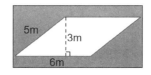

S=6×3=18(平方米)

2. 在下面的平行四边形中,你能计算出哪几个平行四边形的面积?能计算出来面积的在下面写出计算过程,不能计算面积的在下面画"×"。

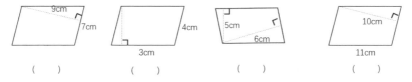

  ( )   ( )   ( )   ( )

3. 为了方便停车,很多停车位设计成平行四边形。如图:

①如何求出这个停车位的面积?想一想,和同伴交流。

②已知这个停车位的底是4.8m,对应的高为2.5m。它的面积是多少?

4. 求阴影部分的面积

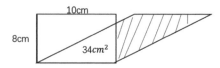

【设计意图】梳理及回顾，意在强化转化的思想，理顺推导的过程，帮助学生深化知识的建构。巩固应用，让学生能运用转化的思想，进一步经历平行四边形面积的计算过程。拓展提升，培养学生运用转化思想解决问题的能力，动态化展示一般到特殊。

案例 21：游戏规则动态化，助力推理意识萌芽

——"填数游戏"—课教学实践

深圳市福田区荔园外国语小学（水围） 郭敏敏

深圳市宝安区西湾小学 陈永畅

【课例背景】

2022 版新课标提出要注重幼小衔接，合理设计小学一至二年级课程，注重活动化、游戏化、生活化的学习设计。本课是一年级下册数学好玩的第 2 课，属于"综合与实践"模块。新课标将这一部分的内容改成了主题活动：数学游戏分享，要求学生在具体情境中，回顾自己在学前阶段经历与数学学习相关的活动，唤起数学学习感性认识和学习经验，激发进一步学习数学的兴趣。

本课是根据数独游戏改编的填数游戏，主要内容是通过填数游戏积累推理的经验，发展推理意识。数独游戏的规则很简单，在每个格子里，需按照规则在空格里填上数字，使得每一行与每一列都有 1–9 的数字，每个小九宫格里也有 1–9 的数字，并且一个数字在每个行列及每个小九宫格里都只能出现一次。本课的内容是九宫格里的小九宫格，学懂本课是学生会玩数独的基础。但一年级的学生学习经验少，以具象思维为主，规则的理解无疑是本节课的第一个难点，所以在教学时，规则的呈现需要有一定的情境过渡。动态呈现孩子熟悉的水果，用水果摆放的特点过渡到数字摆放的特点，进而让学生理解填数游戏的规则，让学生经历从具体到抽象的过程。基于学生好动、注意力难以集中的特点，本课在教学时塑造水晶球、数字魔法师等虚拟情境，每次游戏规则都用语音动态呈现，游戏的组织方式呈多元化，结束后的评价结合演示、音效动态展示，时刻吸引孩子的注意，让孩子在玩中学，学中玩，无形中将知识与思维训练在孩子的脑海里建构。

【学习目标】

1. 初步认识九宫格，会做最简单的数独。

2. 体验填数游戏，经历理解游戏规则、在一行中知道两个数字能推出第三个数字、知道一个数字判断每一横行和每一竖行时能排除这个数字、不确定时能试数填写的推理过程，发展推理意识。

3. 在探索、尝试、交流等活动中，体会填数游戏的乐趣，激发学习兴趣，了解数学文化。

【学习活动】

活动一：情境动态呈现，激发游戏兴趣

谈话引入，与学生交流自己最喜欢的水果，用水晶魔法球的游戏，激发学生的兴趣。

师：同学们，老师买了很多种类的水果放在了格子里，请看这里有你喜欢吃的水果吗？能不能用方位词告诉大家它在什么位置？

生：我喜欢西瓜，它在最中间。

师：我们把横着过去的叫作横行，从上到下这是第一横行，第二横行，第三横行，把竖着下来的叫作竖行，从左到右这是第一竖行，第二竖行，第三竖行。

生：西瓜在第二横行的第2个。

师：也可以说它在第二竖行的第 2 个。

师：老师选了一些水果放在这个九宫格内，同学们能不能选择一个横行或者一个竖行记在脑海里，闭上眼睛，记住了吗？

（生闭眼记忆）

师：现在睁开眼睛。数字魔法师这里有一个魔法水晶球，它能知道你记住了哪些水果，你们相信吗？

（学生纷纷表示不相信）

师：不信，我们来看看，你记住了吗？

生 1：记住了！

师：魔法球说你记住的水果有苹果、西瓜、橙子。猜对了吗？

生 1：对！（其他学生不敢相信）

（师再抽生 2）

师：魔法球说，你记住的有西瓜、橙子、苹果。对吗？

（生 2 惊讶地点点头，全班学生惊呼，有学生小声说明白了。）

师：水晶球甚至知道你们每一个人记住的水果！你们记得有橙子、苹果、西瓜。

（全体轰动）

师笑问：怎么回事呢？同学们知道魔法球的奥秘吗？

生兴奋回答：因为这里的每一横行，每一竖行的水果都有苹果、西瓜、橙子。

（全班思考一会儿后恍然大悟）

师：同学们真是了不起，魔法球的秘密都让你们发现了。

【设计意图】每个空格中只能填1、2、3中的一个，每一横行、每一竖行的数字不能重复。这样的游戏规则对于一年级的学生来说是比较抽象的，直接出示，难以理解，但常见的水果是学生非常熟悉且感兴趣的，用这样的一个小游戏，极大地引起了学生的学习兴趣，为填数游戏的规则设伏。

活动二：课件动态演示，实现规则过渡

师引导学生观看课件的演示，再次观察数字的特点，理解游戏规则。

师：现在老师又要变魔法了，将这里的水果变成数字，我们用1来代替苹果，2来代替西瓜，3来表示橙子。现在每一横行，每一竖行上的数字有什么特点？

生：每一横行和每一竖行都有1、2、3。

师：同学们反应真快！再仔细观察一下，是这样的吗？

【设计意图】经过活动一的小游戏，学生对每一横行和每一竖行物体摆放的规律已经有一定的经验，动态化的演示过程很容易让学生感悟、表达出数字摆放的特点，让学生经历具象到抽象的过程。

活动三：游戏动态组织，助力推理萌芽

学生听录音念游戏规则，进行游戏闯关。第一关师生全班交流，第二关学生思考后到黑板上贴数字卡片，第三关用彩笔在练习单上画数字，第四关先交流后自己独立完成。

师：同学们真棒，已经知道我们今天填数的规则了，那我们开始玩游戏吧，现在数字魔法师要给你们出题了。

1. 第一关：说一说

录音：我是数字魔法师，现在我要考考大家，请听游戏规则：（1）每个空格中只能填1、2、3中的一个。（2）每一横行、每一竖行的数字不能重复。

师：同学们听懂了吗？谁来说一说填数最关键的是什么？

生：每一横行、每一竖行 1、2、3 不能重复。

师：现在我们开始吧！看第一空，可以填哪些数字？

生：1、2、3。

师：那应该填哪一个呢？

生：填 1，因为第一横行有 2 和 3 了，所以只能填 1。

师引导：你看的是第一横行有 2 和 3 了吗？

师：讲得真好！不但把填几说出来了，连理由都说出来了。希望接下去的同学也向这位同学学习。

师：现在第 2 空。

师：你看的是横行还是竖行？是第几横行（竖行）？

（学生继续填）

录音、课件演示：恭喜大家过关，获得 1 颗星。

【设计意图】让孩子在听懂规则的同时，具体的操作中能用规则迅速填数，师第一空引导孩子理解规则，第 2、3 空让孩子自己感受规则，能够用明确的语言表述原因，完成在一行中知道两个数字能推出第三个数字的推理。

2. 第二关：填一填

录音：恭喜你们通过第一关，现在请接收我第二关的考验吧！

（学生思考后在黑板上贴数字，先贴第三横行第 1 个）

师追问：为什么先填这一空？

生：这一行有 1、2 了，只差一个数字，所以马上就知道填 3。

师：还有哪个位置我们也可以马上知道填几？

生：第一横行第 2 个，因为第二竖行也有两个数字，就可以知道第三个数字是几了。

师：接下来填哪一个位置呢？

生 1：接下来很好填，第一横行已经有 1 和 3 了，所以第 3 个填 2，第一竖行已经有 1 和 3 了，所以第二个填 2，第二竖行已经有 1 和 2 了，所以第 3 个填 3。

师：还有不同的想法吗？

生 1：我是先填这里，填 3（第一横行的第三个），因为第一横行有 1 了。

生 2：这样不行，因为第 1 横行只有 1 个数字，第 3 竖行也只有一个数字，1 个数字不能推出一个空格里能填什么。

生 3：对，必须哪一横行或者哪一竖行有 2 个数字才行。

师：看来大家都是小机灵啊，一下子就发现了这个游戏的突破口。

【设计意图】学生在理解规则的基础上初步感知数独，能够用每一竖行和每一横行的两个数迅速反应出第三个数，找突破口，从简单入手，并能用语言说出原因，思考和表达的过程就是思维在发展的过程。

3. 第三关：画一画

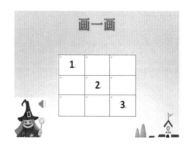

录音：孩子们真厉害，请接受我的第三关用彩笔画一画吧！

小组活动：让孩子在理解的基础上，两人一组先讨论在白板上画数字，一人画一人进行监督，合作完成。

师：这幅魔法图跟上幅魔法图有什么不同的地方吗？

生：数字少了。

（小组活动）

师：谁愿意将自己的作品给大家展示一下呢？能告诉老师你最先填的是哪一空吗？

生：我先填第一横行第2个。

师就地采访：怎么就填3，不填2？

生：因为第一横行已经有1了，所以这一空只能填2和3，但我们竖着看，第二竖行已经有2了，所以排除2，只能填3.

师：老师特别欣赏你用了"排除"这个词，原来在数字比较少的时候不仅仅要看横行，还要看竖行，看哪个数字可以排除。

师：现在大家检查一下他们做得对吗？

生：对了。

师：你是怎么检查的？

生：先看横行，再看看竖行，如果都有1、2、3不重复，就对了。

师：非常不错，填好后我们还要养成检查的习惯。

【设计意图】当给出的数字不能够单凭一行判断时，让孩子判断确定一个数的位置要从一横行和一竖行来进行确定，经历从顺推到逆推的过程，深化推理过程。

4. 第四关：挑战难度

录音：恭喜你们闯关成功，不要得意哦，更难的挑战在第四关呢，请听游戏规则：（1）每个空格中只能填1、2、3、4、5中的一个。（2）每一横行、每一竖行的数字不能重复。

师：游戏规则发生了变化，跟之前的比变在了哪里？这个魔法图跟前面的魔法图又有什么不同呀？

生：多了数字 4 和 5。魔法图也变大了。

师：同学们会填吗？

生：会。

师：如果要你填，你会先填哪一格？你能上来指出来吗？

生：第三行第 3 个，因为这一行已经有 1、2、4、5 了。

师：你已经有会说理的习惯了，真不错！这一格应该填哪个数字，同学们能用手写出来给老师看吗？

（学生用手势写第四行和第五行应填数字）

师：接下来这几格好像一眼看不出来了。

师：那就拿出你们的练习纸看到第 3 题，自己动手做一做吧。

（学生独立完成）

师：这四空里面你第一个填的是几呀？为什么填它？

生 1：我先填第一横行第 3 个，因为第一横行已经有 5、1、3 了，所以这里可以填 2 或者 4，所以我填 4。

生 2：不对！虽然从第一横行来看可以填 4，但是如果竖着看，第三竖行已经有 4 了，所以这里只能填 2。

（师动态演示过程）

师：看来同学们已经完全看懂魔法图了。所有的关卡都通过了，掌声送给自己！

【设计意图】让孩子们在已经懂了从每一横行和每一竖行的基础上挑战5乘5的数独，深化孩子对规律的掌握，巩固孩子填数的能力。整个游戏环节虽然大情境一样，但采用了多样化的组织方式：说一说、填一填、画一画、描一描等，让学生在动态化的刺激下，不断思考，从一行一列的单格填写到多格中找突破口，再到行和列的逆推，在思考和表达中推理意识已悄然发展。

活动四：拓展巩固迁移，深化推理应用

1. 感知数学文化

录音介绍九宫格数独

• 九宫格数独，是一种源自18世纪末的瑞士，后在美国发展、并在日本得以发扬光大的数字谜题。数独盘面是个九宫，每一宫又分为九个小格。

2. 回顾总结

师：在刚才的游戏中有哪些问题给你们造成了困难，现在解决了吗？

生1：开始的时候我只会看一横行或者一竖行来判断格子里填什么，后来我学会了一起看进行排除。

生2：开始玩游戏时，我想的水果居然被老师猜到了，后来才知道原来每一横行每一竖行都是一样的。

生3：我觉得掌握规律特别厉害，这样的话我一开始就知道水晶球的秘密了。

师：大家都非常厉害，现在还有两道更难的魔法图，你愿意挑战难度完成它们吗？请同学们完成练习纸上的第1、2题。

3.迁移应用

（1）写一写

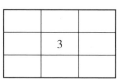

（2）试一试

	3	

【设计意图】九宫格是我国古代经典的数学益智游戏，是古人智慧的结晶，本节课上让学生了解它的历史，有助于理解数学文化，增添数学兴趣。最后的总结以碰到的问题的方式提问，让学生在总结知识的过程中还养成问题解决意识。最后的应用找到学生的最近发展区，发散孩子们的思维，具有一定的挑战性，更能培养学生的推理思维。

案例 22：经历形成过程，促进自主建构

——"数松果"一课教学实践

深圳市福田区外国语学校（香蜜） 马希纯

【课例背景】

"数松果"一课是北师大版二年级上册第五单元第 1 课时的内容。乘法口诀表又称"九九表"，是因为过去的乘法口诀是从"九九八十一"开始的。乘法口诀有两种：一种是 81 句的，叫"大九九"；一种是 45 句的，叫"小九九"。"小九九"由于句数少，所以方便记忆。

北师大版教材主要采用"小九九"乘法口诀。教材按照循序渐进、螺旋上升的原则，采用间隔编排方式，这样编排，可以有效避免因持续学习产生的单调枯燥情绪，通过放慢乘法口诀的学习节奏，让学生有充分的时间进行巩固与内化。两个单元教学目标各有侧重，内容呈现方式也有递进性变化。

乘法的含义既是教学的重点，也是难点。教材首先编排两道例题教学乘法的含义，例 1 借助小动物情境，引导学生直观认识几个几，再由相同加数连加抽象出"几个几相加"，为认识乘法打下基础；例 2 根据"几个几相加"揭示乘法算式，使学生初步感知乘法的含义。这两道例题由相同加数连加的加法过渡到乘法，在乘法和加法之间建立联系，帮助学生在原有加法认知基础上构建乘法意义，领悟乘法的本质内涵。2 ~ 5 的乘法口诀教学，教材呈现的基本线索是：在现实的情境里提炼出几个几相加的数学问题→根据乘法的意义把几个几相加写成乘法算式→利用乘法算式编出相应的乘法口诀→用编出的口诀计算乘法。为了满足不同程度学生的学习需要，逐步提升学生的学习活动水平，教材编写呈现明显的递进性，为学生提供的自主探索、合作交流的空间越来越大。

经过课前调查，超过一半的学生在未上乘法口诀这一节课时已经能把口

诀熟练地背出来，但学生对口诀的意义与口诀的历史来源并不熟悉，基于以上考虑，本节课将重点放在引导学生经历乘法口诀的形成过程，促进自主建构口诀，为后续学习 2、3、4、5、6、7、8、9 的口诀做铺垫，促进知识结构化的生成。

【教学目标】

1. 经历编制乘法口诀的过程，通过多元表征理解乘法口诀的含义，发现口诀之间的联系。

2. 通过对乘法口诀的整理，观察乘法口诀表的特点与规律，能对乘法口诀熟练地进行运用。

3. 初步培养迁移类推和按规律识记的能力

【学习活动】

活动一：创设情境 引出问题

1. 创设情境：观看小松鼠和妈妈在森林里采松果的视频。

2. 引出问题：一共采了多少个松果？

解决问题，探索新知。

（一）数一数，填一填

1. 学生用小圆片摆一摆，数一数。

学生把数的结果在表格里填一填。

有几堆	1	2	3	4	5	6	7	8	9
有几个									

提问：观察表格，说说发现了什么规律？

生1：每增加一堆，松果数增加五个。

生2：一堆5个，两堆10个，三堆15个，依次类推，数量呈单双数出现；根据图片编制加法算式与乘法口诀。

提问：请同学们根据松果数编制加法算式与乘法口诀。

生1：一堆5个松果，写5。

生2：两堆10个松果，加法算式为5+5=10；

生3：三堆15个松果，加法算式为5+5+5=15；

提问：除了可以用加法算式表示，还可以用什么方法？

生：还可以用乘法算式表示。

生1：一堆5个松果，乘法算式为 $1 \times 5 = 5$

生2：两堆10个松果，乘法算式为 $2 \times 5 = 10$

生3：三堆15个松果，乘法算式为 $3 \times 5 = 15$

（板书：教师板书用箭头表示累加的过程）

【设计意图】将画图、加法、乘法、口诀建立联系，突出理解乘法和口诀的意义，引导学生在理解的基础上进行记忆，而非纯粹的记忆。

活动二：根据算式，编制口诀

师：同学们刚才列出了这么多乘法算式，都是数点子图或看乘法算式来计算的，古人们为了更好记忆编制出乘法口诀。

1. 根据乘法算式编制5的乘法口诀。

讲解：古人们为了将这种关于5的乘法规律记下来，编制了乘法口诀，如"一五得五""二五一十"你们能按照这个规律继续往下编吗？

小组活动：编制5的乘法口诀。

展示学生作品（制作学生作品）

1×5＝5	一五得五	1×5＝5	一五得五	1×5＝5	一五得五
2×5＝10	＝五一十	2×5＝10	＝五得一十	2×5＝10	＝五一十
3×5＝15	＝五一十五	3×5＝15	＝五得一十五	3×5＝15	＝五十五
4×5＝20	四五二十	4×5＝20	四五得二十	4×5＝20	四五二十
5×5＝25	五五二十五	5×5＝25	五五得二十五	5×5＝25	五五二十五
5×6＝30	五六三十	5×6＝30	五六得三十	5×6＝30	五六三十　五六三十
5×7＝35	五七三十五	5×7＝35	五七得三十五	5×7＝35	五七三十五　五七三十五
5×8＝40	五八四十	5×8＝40	五八得四十	5×8＝40	五八四十　五八四十
5×9＝45.	五九四十五.	5×9＝45.	五九得四十五.	5×9＝45	九五四十五　五九四十五

2. 提问：你们更欣赏哪一个版本？

生 1：两个乘数编在前半句，积编在后半句。

生 2：乘数中较小的数放在前，较大的数放在后。

生 3：积不满十，就加上"得"字，积满了十，"得"字就省去，这样读起来更顺口。

3. 组织交流汇报，并说出每句口诀的含义。

4. 小结编制口诀时要注意的地方；

（二）想一想，找一找

1. 有节奏地读一读 5 的乘法口诀。

2. 学生自主找出口诀中的规律：

生 1：上一句口诀的积比下一句口诀的积大 5；

生 2：口诀的最后一个字，不是五，就是十；

生 3：单数与 5 相乘，积的末尾是 5；双数与 5 相乘，积的末尾是 0。

3. 学生交流记忆 5 的乘法口诀的方法。

4. 利用拍掌的方法玩游戏记住 5 的乘法口诀。

（1）观看视频，看视频中的关于 5 的乘法口诀的拍掌玩法。

（2）尝试和同桌开始玩关于 5 的乘法口诀。

【设计意图】学生理解了几个几是几、算式和乘法口诀之间的关系，也就突破了难点，在意义理解上真正学会编口诀。获得学习知识的方法比知识本身重要，乘法 口诀第一课，方法的习得尤为重要。

（三）视频引入，介绍乘法口诀表的历史来源

古代的《周髀算经》中，距今有几千年的历史了。在古代的中国，人们对于数学的认识和应用已经相当深入，而乘法口诀表就是其中的一个重要组成部分。古代中国人用乘法口诀表帮助他们进行计算，提高计算速度和准确度。

（四）拓展练习，巩固提升

1. 你能快速算出图中有多少个正方形吗？

练一练 3. 你能快速算出图中有多少个正方形吗？

【设计意图】将乘法口诀编制的过程与表内乘法之间的内在关联作为教学的着力点，学生的观察、分析、比较、归纳等能力都将得到长足的发展。

（五）全课总结，拓展延伸

通过今天的学习你有什么收获？你觉得自己学得怎么样？你是如何学到这些知识的？

生1：我学会了关于5的乘法口诀；

生2：我学会了编制口诀时要注意的地方，比如乘数中较小的数放在前，较大的数放在后。积不满十，就加上"得"字，积满了十，"得"字就省去，这样读起来更顺口；

生3：我是通过先观察，再列出加法算式、乘法算式、再编制口诀的方法；

生4：口诀最先由中国产生，乘法口诀有大九九和小九九的区分。

【设计意图】将乘法口诀编制的过程与表内乘法之间的内在关联作为教学的着力点，学生的观察、分析、比较、归纳等能力都将得到长足的发展。

案例23：以"动"激趣 让"空间观念"落地生根

——"认识图形"一课教学实践

深圳市龙华区龙为小学 吴黎纹

【课例背景】

"认识图形"属于北师大版一年级下册第四单元《有趣的图形》的内容。本单元是在一年级上册直观认识了长方体、正方体、圆柱和球四种简单立体图形的基础上，认识一些常见的平面图形——长方形、正方形、三角形和圆，"认识图形"是本单元的起始课，也是学生学习"平面图形"的起始课。

通过课前随机访谈，可以发现大部分学生能够说出这些平面图形的名称，并能够进行简单辨认，但是对"形"与"体"认识不清，因此本课难点在于让学生感知"面从体出"。通过研读课标，纵向梳理小学阶段"图形的认识"学习内容脉络，横向对比北师大版、人教版及苏教版《认识图形》的教材内容，可以厘清以下两个问题：

1. 学生对于这些平面图形的认识应达到什么程度合适？

2022年版课标"图形的认识与测量"这一领域中与"认识长方形、正方形、平行四边形、三角形"相关的要求如下（见表1），可以发现第一学段对平面图形的分类较粗浅，对不同平面图形特征的认识停留在"直观描述"这一层面，而不需要求学生从严谨的数学角度去感知其组成元素，进而比较它们的不同，进行分类，这其实是第二、三学段的任务。这也是为什么在第一学段学习"认识图形"时，课标对学生核心素养发展并未要求形成初步的几何直观的原因。

表 1 课标中不同学段对"认识常见平面图形"的要求

学段	内容要求	学业要求	核心素养
第一学段	通过实物和模型辨认简单的平面图形，能对图形分类，会用简单图形拼图。	能辨认长方形、正方形、平行四边形、三角形、圆等平面图形，能直观描述这些平面图形的特征，能根据描述的特征对图形进行简单分类。	形成初步的空间观念
第二学段	认识三角形和四边形，会根据图形特征对三角形和四边形进行分类。	会根据角的特征对三角形进行分类；能根据边的相等关系对三角形进行分类；能说出长方形、正方形、平行四边形、梯形的特征；能说出图形之间的共性与区别。	形成空间观念和初步的几何直观
第三学段	认识圆和扇形，会用圆规画圆。	会用圆规画圆，能描述圆和扇形的特征。	形成空间观念和几何直观

2. 如何让学生感知"面从体出"？

通过横向对比北师大版、人教版和苏教版教材，可以发现三版教材均是通过让学生进行"描"或"印"的操作活动从立体图形上把平面图形"请"下来，感受"面从体出"，再进行图形的分类，最后与生活建立链接——寻找生活中有这些平面图形的物体，形成了由"面"回到"体"的闭环[1]。

基于以上思考，笔者力图以"动"激趣——形象动态演示、亲身动态操作、趣味动态游戏，以学生喜爱的方式，在其心里播种下"空间观念"的种子，并在"润泽"的环境中落地生根，自然萌芽。本课进行了如下设计：以黑猫警长寻找好心人为情境引出四个立体图形出场，设计直观的动画方式动

态还原立体图形留下"脚印"的过程；以制作锦旗送给好心人为任务驱动，引导学生自己动手操作，把"脚印"留在锦旗上，亲身体会"面从体出"，并在"展示锦旗——摸一摸"的活动中认识不同平面图形，感知平面图形与立体图形之间的关联，积累活动经验；在"成为黑猫警长——眼力大比拼"游戏中，学生心、身、境互动，丰富了体验感，加深了对不同平面图形特征的认识，发展了空间观念与想象力；最后联系生活，寻找教室中的平面图形，整个过程，以情境故事为支架，学生经历了"具体—抽象—具体"的完整闭环，在有趣的情境中、充满"意义"的活动中学习。

【学习目标】

1. 在操作活动中认识长方形、正方形、三角形和圆，体会"面从体出"，形成初步的空间观念；

2. 能辨认长方形、正方形、平行四边形、三角形、圆等平面图形，能直观描述这些平面图形的特征，并能根据描述的特征对图形进行简单分类；

3. 体会到长方形、正方形、三角形和圆在生活中无处不在，感受到数学与生活的紧密联系。

【学习活动】

活动一：动态呈现，直观感知"面从体出"

谈话引入，营造和黑猫警长一起破案，寻找动物世界好心人的情境。

师：同学们，黑猫警长日夜蹲守，发现远处雪山上有四个黑影在移动，赶过去看到雪地上只留下了这些脚印，而四个黑影已进入了远处图形王国。（课件动态出示四个黑影蹦跳依次出场，留下四串脚印）

师：同学们，看到这些脚印，你们觉得这四个好心人是图形王国里的哪四个立体图形？

生1：正方体、长方体、球、三角体。

生2：第三个黑影是高高瘦瘦的，所以应该是圆柱。

师：我们在一年级上学期已经学习、认识了正方体、长方体、球、圆柱，最后一个我们叫它三棱柱（教师出示对应立方体）。

【设计意图】 孔凡哲教授在《数学学习心理学》中写道"小学低年级的学生，更多地关注'有趣、好玩、新奇'的事物。"本着立德树人的教育理念，以帮助大名鼎鼎的黑猫警长寻找好心人为情境，激发了学生的好奇心，点燃学生的学习热情，以动画的形式演示立体图形留下"脚印"的过程，充分抓住了学生的注意力，学生通过调用视觉系统，初步直观地感受到"面从体出"的过程。

活动二：动态操作，亲身感受"面""体"关联

1.做一做，经历"面从体出"

师：黑猫警长根据你们提供的信息，找到了这四个默默做好事的立体图形，想要送一个留有它们脚印的锦旗给它们，同学们，你们可以利用手上的工具想一想怎么做吗？

（提供给学生工具：正方体、长方体、圆柱、三棱柱、印泥、铅笔）

生1：可以用印泥印在锦旗上。

生2：可以把立体图形按住，沿着边缘画一圈。

师：如果要从你们的作品中评选优秀作品送给四个好心人，你们觉得应该从哪些方面进行评选呢？请你们带着这个问题，来看看操作视频。

生1：看画得像不像，标不标准，就比如那个线不能画得歪歪扭扭，要画直。

师：是的，而且这个脚印的边框是闭合的，尽量不要留有"小口"。

生2：用印泥的话要印"满"，脚印的每个地方要在锦旗上印到了，而且印的时候不能动，不然脚印就变形了。

师：你们想得很全面，那接下来请你们从这四个立体图形中选一个自己最喜欢的，制作锦旗送给它。

【设计意图】《学习的本质》中提道："行动能有力地刺激学习者的兴趣，将他置于一种情境之中，让他产生那种执行任务的愿望。"[2] 将数学活动——"请面"赋予意义，变成制作锦旗送给喜欢的好心人，激发学生内驱力，并组织学生共同商讨评选"优秀锦旗"的标准，明确努力的方向，给学生提供足够的"脚手架"，让学生在操作中经历图形的抽象过程，积累活动经验。

2.摸一摸，感受"面在体上"

每个立体图形分别请一个学生上台汇报。

师：同学们，首先你做的这个锦旗是谁留下的脚印？请你在正方体上找到它的脚印，并摸一摸，说说正方体的脚印有什么特征？给它的脚印起一个名字。

师：你的想法和数学家的一样，请你来贴上去。

师：同学们，你们看这四个脚印有什么共同特点？摸一摸你们锦旗上的脚印，感受一下。

生：摸起来是光滑的，平平的。

师：它们都属于平面图形王国。

师：你们再摸摸整个立体图形，感觉有什么不一样吗？

生1：立体图形是可以立起来的，平面图形摸起来平平的。

生2：立体图形摸起来有角，还有很多边，但是平面图形的这个角和边摸起来没有感觉，是平平的。

【设计意图】一年级学生处于皮亚杰认知理论中的具体运算阶段，其思维受到一个重要局限的困扰：儿童只在处理他们能够直接觉察的具体信息时，才会以一种有组织、有逻辑的方式进行思考[3]。摸自己喜欢的立体图形，学生是充满兴趣的，在"摸一摸、说一说"的过程中直观感受并描述了常见平面图形的特征，在对比中体会到立体图形与平面图形之间的关联。

活动三：动态 PK，游戏趣辨"图形特征"

师：同学们，我们知道要想成为一名优秀的大侦探就必须有很好的眼力，接下来我们就来看看谁有成为下一个"黑猫警长"的能力！

1. 比谁反应快

师：看清楚屏幕随机出现的平面图形，看一看和你锦旗上的图形名称一样吗？如果一样，就高高举起你的锦旗，并说出名称。

课件动态出现大小、方向不同的平面图形

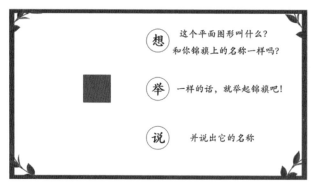

游戏结束请反应快的学生分享心得方法。

2. 图形分类赛

黑猫警长音效：那你们可以从一堆图形中分辨出它们吗？

师：敢不敢挑战？请你们在学习单上独立思考并完成，写完了要记得检查哦。

3. 猜猜我是谁

师：看来你们具备了成为一名小侦探的能力了，新朋友们给你们寄来了邀请函，我们来看看邀请函里有什么？

师：原来是新朋友们的照片，你们觉得里面可能是谁的照片呢？为什么？

课件相机出现对应学生回答的三种可能：正方形、长方形、三角形。

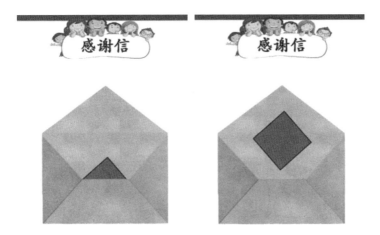

【设计意图】在"比谁反应快"这个环节，学生调用了视觉系统及身体系统，身心均被吸引，在游戏中提升了对不同平面图形特征的辨认能力；在"图形分类赛"中学生由"动"回归到"静"，进行独立思考、回顾方法；在"猜猜我是谁"这一环节，学生需要由"部分"想象出完整的图形，发展了学生的空间观念与想象能力。

活动四：动态链接，多样感知"平面图形"

师：你们可真厉害，黑猫警长果然没有看错你们，现在你们进入了新朋友们的世界玩耍了，其实我们现在就在这个世界！

师：你们瞧，这个教室里面是不是充满着新朋友？谁能来指一指，说一说？

师：这些新朋友还能组成不同的图像呢，今天就请你们试着用这些新朋友组成你们自己的创意图吧！

【设计意图】与现实世界建立链接，让学生感受到数学来源于生活，学会用数学的眼光观察现实世界，用平面图形进行二次创作符合学生的兴趣特点，激发了学生的想象力，学生在创造过程中发展了空间观念。

【参考文献】

[1] 陈洋阳，陈真真.立足单元视角 实现深度理解——以北师大版数学教材一年级下册"认识图形"为例 [J].辽宁教育，2023（07）：75-77.

[2] 焦尔当. 学习的本质 [M]. 杭零，译. 上海：华东师范大学出版社，2015.2：81.

[3] 伯克. 伯克毕生发展心理学：第 4 版 [M]. 陈会昌，等，译. 北京：中国人民大学出版社，2013.9：301.

案例24：动态链接，数形结合深化算理理解

——"需要多少钱"一课教学实践

深圳市宝安区西湾小学 邱琳

深圳市宝安区西湾小学 陈永畅

【课例背景】

"需要多少钱"是北师大版三年级上册第四单元内容。在此之前，学生已学习了表内乘法以及整十数乘一位数的口算内容。本课学生将第一次接触两位数乘一位数的口算乘法，怎么将本课的新知和所学过的旧知自然地连接起来，并为学生建构知识框架体系，为后续乘法竖式做铺垫是我们所需思考的关键问题。

本册教材同时引入了表格和点子图两种抽象模型，而这两种模型背后蕴藏着乘法的算理，又该怎么设计教学过程深化学生对乘法算理的理解呢？教材中还利用点子图辅助理解，将二位数乘一位数转化为一位数乘一位数加一位数乘一位数，那么仅将12拆分成6与6就可以了吗？这样就能让学生理解将新知"转化"为旧知的内核吗？当然还是不够的，因此我们在教学中需要进一步让学生真正地意识到并不是要分成两个相等的数，而是分成两个一位数的和，即12这个数可以拆分成6和6、5和7、4和8、3和9等，经过多元的分法理解了如何将两位数乘一位数转化为多个一位数乘一位数相加，这就是结构化思维，也就是基于乘法的意义来理解算法与算理，这样的教材动态化处理的出发点是学生的高阶思维的培养，也是将数形结合这一媒介发挥出更有效、高级的作用。

反观教材情境，首先通过人民币这一实物模型，让学生初步感悟两位数乘一位数可以把整十数和个位数分别与一位数相乘、再把两个乘积相加；进而利用点子图和表格等数形结合的数学思想深化算理的表征，组织学生自主

思考，并初步感悟算理；最后利用点子图和表格之间的动态链接，在此过程中让学生感知这两种算法的异同，追溯乘法的本源，站在大观念背景下理解教材，进而领悟乘法算理：把整体"分块"求积，再求这些积的和。

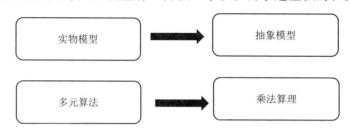

【学习目标】

1. 经历计算两位数乘一位数的思考与交流的过程，理解两位数乘一位数的乘法意义，理解并掌握两位数乘一位数的口算方法。

2. 利用点子图和表格探索乘法的口算方法，通过点子图和表格的动态转化与链接，理解乘法的算理。

3. 学会使用乘法知识解决简单的实际问题，感受数学与生活的联系。

【学习活动】

活动一：动态创设情境，引出乘法算式

用动画的形式动态展示教材情境，吸引学生兴趣，提出主问题：买三个泳圈需要多少元？引导学生感悟两位数乘一位数的多种算法。

师：假期到了，海边是大家常去的游玩之地，小朋友要是想下海游泳需要注意什么呢？（出示动画情境，最终定格如下情境图）

生：要注意安全，带好游泳圈。

师：现在这三个小朋友打算去海里游泳玩耍，你们能帮他们算算买3个泳圈需要多少元吗？（贴板贴本课标题：需要多少元）

生1：12+12+12=36（元）。

师：除了这个方法，还有聪明的小朋友有别的方法吗？

生2：还可以用乘法！12×3。

师：哇，你可真聪明，那这应该怎么计算呢？我们好像还没学习两位数乘一位数呢。所以这节课我们就来探讨两位数乘一位数的口算乘法。（板书）

【设计意图】创设一个假期的海边游泳情境，引导学生进入乘法算式的学习环境。这个情境不仅贴近学生的生活，能够引发他们的兴趣，同时也自然地引出了两位数乘一位数的数学问题。

活动二：动态转化模型，感悟乘法算理

1. 借助实物模型，算法多元化，感悟算理

师：接下来把时间交给你们，试试看能不能利用学具盒里的人民币算一算。

生1：我发现12元可以分成10元和2元，3个12元就是3个10元加3个2元，即3×10+3×2=36（元）。

生2：我发现12元可以分成两张5元和两张1元，3个12元就是6个5元加6个1元，即6×5+6×1=36（元）。

2. 借助点子图和表格，思维可视化，理解算理

师：其实淘气和笑笑也帮他们算了算，你们来看看能看懂吗？先自己思考，再以四人小组为单位合作探讨说一说你的理解。（出示点子图和表格）

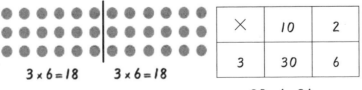

生1：那个表格我看懂了！它把12分成了10和2，就跟我们刚刚用人民币把12元分成10元和2元一样，然后分别乘以3，得到30和6，所以

12×3 就等于 10×3+2×3=30+6=36。

生2：笑笑是把 12 分成了 10 和 2，淘气则是把 12 对半分，分成了 6 和 6，然后 3 个 12 就变成了 3 个 6 加 3 个 6，就是 18+18=36。

师：看来我们的小朋友们都十分善于观察，都有当小小数学家的潜力，把淘气和笑笑算法的不同都给找出来了，那这两种算法又有什么相同之处呢？

生3：他们都把 12 拆开再分别计算了。

师：就是把 12 这个整体分成了两块进行计算，而这其实就是我们乘法的算理：把整体进行分块求积再求和。

3.借助直观点子图，拆分全面化，深化算理

师：孩子们，除了将 12 拆分成 6 和 6，还有其他的拆分方式吗？请大家想一想，在点子图上画一画。

师：下面请同学们来汇报一些，带上你的点子图，一边演示一边讲解。

生1：我们是把 12 拆分成了 5 和 7，即将 12×3=5×3+7×3。

生2：我们是把 12 拆分了 4 和 8，即将 12×3=4×3+8×3。

生3：我们是把 12 拆分成了 3 和 9，即将 12×3=3×3+9×3。

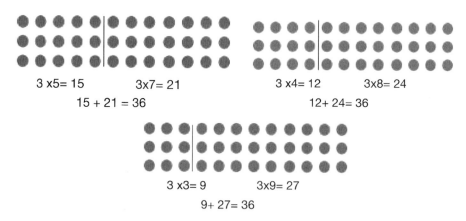

3 x5= 15   3x7= 21   3 x4= 12   3x8= 24
   15 + 21 = 36   12+ 24 = 36

3 x3= 9   3x9= 27
   9+ 27 = 36

师：大家看懂了吗？这些拆分的方法有没有什么共同点？

生：我发现都是把两位数拆分成了一位数，这是我们以前学习过的内容。

师：太棒了，你会用联系的眼光思考。是的，我们的数学就是一个整体，我们要把新知识变成旧知识来学习。

4.图表动态链接，理解通达化，沟通算理

师：淘气和笑笑计算的方法不同，那问题来了，他们之间可以互相转化吗？

生：可以。

师：那你们先试试把淘气的点子图转化成表格吧。(找学生呈现转化结果)

生1：淘气是把12分成了6和6，所以表格改一下第一行把10和2改成6和6，分别拿6都去乘以3得到18，最后把两个18加起来就是答案了。

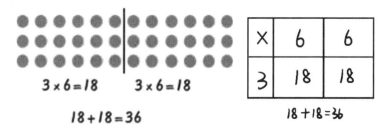

师：那聪明的小朋友们还能不能再试试将笑笑的表格改成点子图呢。

生2：笑笑是把12分成了10和2，所以变成点子图的话就是分成了三行十列和三行两列。

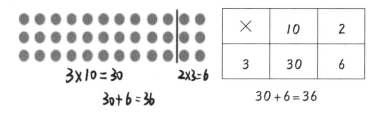

师：虽然笑笑和淘气算法不同，但她们计算乘法的本质都是拆分。(板书)那你们喜欢哪种拆分的方式呢？

生1：我喜欢把12拆成10和2。

生2：这两种分法我都喜欢。

【设计意图】引出点子图和表格这两种抽象模型，放手让学生自主思考，深挖点子图和表格这两种抽象模型的异同，而乘法的算理就蕴藏于这两种抽象模型的共同之处。紧接着，让学生动态转化图表，深入感知算法虽有不同，而算理是共通的。

活动三：动态问题引领，深化进阶乘法算法

1. 进阶优化口算算法

师：那有没有同学能试试用其他的方法再算一算买 3 个泳圈需要多少元呢？

生 1：可以把 12 分成 8 和 4，再分别乘以 3，即 3×12=3×8+3×4=36。

生 2：可以把 12 分成 7 和 5，再分别乘以 3。即 3×12=3×7+3×5=36。

师：那老师是这样算的，你们能看懂吗？（出示点子图和算式）

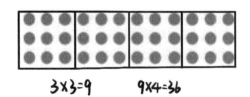

$$3×3=9 \qquad 9×4=36$$

生 3：看懂了，是把点子图分成了 4 组，其中一组是 3 行 3 列。

师：那你们能把这两个式子合成一个式子吗？

生 4：$\begin{cases} 3×3=9 \\ 9×4=36 \end{cases} \Rightarrow 3×3×4=36$（板书）

生 5：原来老师把 12×3 变成了 3×3×4。

师：这就把两位数乘一位数变成了连乘的计算。而观察点子图，我们还是可以直观地看出，其实连乘这种算法的本质也是拆分。

2. 深入理解口算方法

师：通过刚刚的学习，我们明白了乘法的算理本质是拆分。我还想考考大家，若一件泳衣 32 元，买三件需要多少元呢？

生 1：32+32+32=96（元）

生 2：把 32 拆成 30 和 2，3 个 32 就是 3 个 30 元加 3 个 2 元，即 3×30+3×2=96（元）。

师：那我们还能像淘气那样把 32 对半分，分成 16 和 16，再分别乘以 3 再相加吗？

生 3：好像不太好算，这样的话 16 还得再拆才比较方便我们计算。

师：那如果我们买 9 件泳衣，又需要多少钱呢？

生 4：把 32 拆成 30 和 2，9 个 32 就是 9 个 30 元加 9 个 2 元，即 $9×30+9×2=288$（元）。

师：你们有没有发现，现在基本上所有同学都将 32 拆成了 30 和 2，而没有出现别的拆分方法了。

生 5：是的，好像这样最简便！

师：其实这就是我们两位数乘一位数的口算方法，将两位数拆分为整十数和一位数，分别求积再相加求和。

【设计意图】通过动态围绕主问题，引导学生思考多元算法，进而深入探究乘法进阶算法，强调拆分思想，帮助学生深刻领悟乘法算理的本质，提高计算思维能力。再通过接连的问题串，引发学生深度思考为何乘法口算算法是将两位数拆分为整十数和一位数分别求积再求和。

案例 25：模型动态生成，问题归一解决

——"路程、时间与速度（二）"教学实践

深圳市宝安区航城学校　温晋云

【课例背景】

2022 版课标指出：在小学阶段，"模型意识"是核心素养的主要表现之一，课堂上有意识要培养学生的"模型意识"，模型意识主要是指对数学模型普适性的初步感悟。在课标第二学段"数量关系"的教学内容中指出："在具体的情境中，认识常见的数量关系：总价 = 单价 × 数量；能解决生活的简单问题，并能对结果的实际意义做出解释，经历探索简单规律的过程形成初步的模型意识和应用意识。"如何在"数量关系"的教学过程中发展学生的"模型意识"？我们结合《路程、时间与速度（二）》一课，进行了实践与探索。

本节课是学生已经理解了速度的含义，已认识速度 = 路程 ÷ 时间的基础上进行的设计；在解决问题方面，在已有的生活实践中，学生经历了初步感知路程、时间与速度的生活经验，模糊地感觉到它们之间可能存在一定的关系的基础上进行学习"单价"的意义，迁移思考过程，类推到"单价、数量、总价"的关系上，从而对现实生活中的同类问题进行提炼沟通。

本节课在真实的情境中探索数量关系，希望在发展学生的模型意识方面突出以下几点：第一，用数学的思维思考现实世界，根据生活情境自主提出问题，解决问题；第二，根据第一课时"速度"产生的意义迁移思考过程，类推"单价"产生的必要性，形成数量模型意识；第三，根据设计购物一体情境，引导学生分析和表达情境中的数量关系，启发学生用数学的语言表达现实世界，推理验证"单价、数量、总价"关系，形成关系模型意识；第四，动态呈现思维，启发学生发现解决实际问题中方法的相同点，体会并概括解决一类问题的方法，模型归一解决；第五，丰富生活情境，再次鼓励学生自

主提问题，感悟现实生活中许多问题都可以用乘（除）模型解决，切身感受模型的普适性，丰富模型应用。

【学习目标】

1. 根据具体情境，理解并掌握路程、时间与速度的数量关系的变式。

2. 联系生活实际，迁移"速度"思考过程，探索"总价、数量与单价"的关系，经历将具体的生活问题抽象成数学模型的思考过程。

3. 理解丰富模型，能发现用乘（除）模型解决的实际问题，体会数学来自生活，感受模型的普适性。

【学习活动】

活动一：情境复习导入，感知路程与速度和时间的关系

教师创设情境"老师的步行速度是 60 米每分"学生根据提供的信息，提出问题。教师引领学生对提出的问题进行整理，聚焦到路程、时间与速度的数量关系的变式。接着借助线段图直观理解，动态化呈现帮助学生理解概括路程与时间和速度的关系。

师：老师昨天做了一个数据统计，我的步行速度是 60 米 / 分，只用这个数据，你能提出一个数学问题吗？

生 1：只有一个速度，没办法提出问题，至少需要一个时间，或者路程的数据。

师：那我给你一个数据（出示"10 分钟"），你能提出什么数学问题？你是怎么解决的？

生 2：老师 10 分钟能步行多少米？路程 = 速度 × 时间，也就是 $60 \times 10 = 600$（米）。

师：还是 60 米 / 分的速度，再给你一个数据（出示 720 米），你又想到了什么数学问题？

生 3：老师走完 720 米，需要多少时间？

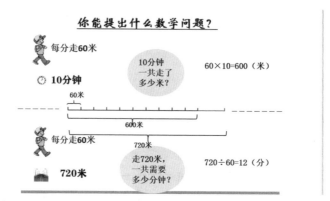

【设计意图】先给出信息创设情境，给定数据让学生提出问题，并解决问题。呈现方式以线段图的形式串联，动态化呈现时间、路程。这样设计的目的是通过线段图的方式来呈现路程，一分钟走 60 米，每多一分钟就多走一个 60 米，动态化地呈现了 10 分钟就有 10 个 60 米，其本质就是乘法的意义几个几。在解决完路程问题后，又把 600 米拉长到 720 米，知道路程和速度，又如何求时间呢？又把学生引到除法的意义：720 里面有几个 60，就是几分钟，这就包含除。一系列动态化地呈现教材内容，丰富了学生的直观感知，更直观地感受到路程与速度和时间的关系。

活动二：情境一体化，理解"单价"必要性

教师串联生活情境，聚焦购物中哪种促销方案更便宜的问题。迁移第一课时动物王国运动会比较谁走得更快的思考过程，探索解决问题的办法。在这里，教师有意识制造认知冲突，引导学生理解"更便宜"就是要比较相同质量的价格，让学生明白单价的必要性。

师：老师家到航城里刚好就 720 米，前几天我去天虹商场购物时，发现商店里的苹果正在举行促销活动，你能帮老师想想，买哪一种更便宜吗？（用你喜欢的方法完成）

生1：更便宜的意思就是一样的价钱买更多的苹果，或者一样重的苹果，付的价钱更少。

师：你觉得哪一种方法，更方便？

生1：比较买一样重的苹果的价钱更方便，最好是一千克，更直接，要是有图的更直观。（课件出示一千克苹果，价格未知）

生2：我同意，根据两个方案给的信息，我觉得可以求出各自买的一千克的苹果价钱，哪种方案价钱更少，那种方案就更便宜。

生3：也就是说哪种方案的单价更低，就表示更便宜。甲方案：27÷3=9（元），乙方案：40÷5=8（元），所以乙方案更便宜。

师：有补充吗？

生4：我觉得单位可以改成元/千克，就像速度单位一样，更容易理解是一千克苹果的价钱，9元/千克>8元/千克，肯定乙方案更便宜。

【设计意图】数学来源于生活，紧密联系学生熟悉的航城里购物生活经验，探索解决问题的办法，引出"单价"出现的必要性。先分析问题引导学生关联已有的学习经验（"速度"的意义），再解决学习任务，鼓励学生经历思辨、概括过程，形成数学语言表达。

活动三：数据呈现动态化，数、量对应理关系

教师提供学生熟悉的生活情景，利用学生的生活经验，探究数学问题。引领学生能从生活经验和已有的知识背景出发，主动探究数学规律。

①买2包好丽友派
②每瓶橙汁12元
③每箱牛奶48元
④买了4瓶橙汁
⑤买好丽友派用了70元

师：这是我那天买东西的小票，观察小票，说说知道了什么？

生 1：苹果的单价是 8 元 / 千克，一共买了 3 千克，需要 24 元。

生 2：薯片的单价是 18 元 / 桶，一共买了 3 桶。

生 3：牛奶的总价是 144 元，并且小票是不完整的。

师：那你能根据老师给的信息，将小票填完整吗？（动态出示 5 条信息）

情境一体化，数据信息动态化呈现（逐一给信息），学生进行数与量的一一对应，引导得出：每件商品的价钱就是这种商品的单价。包数、块数、箱数这些标识数量，总的价钱是总价。

师：继续完善小票，你能发现单价、数量、总价之间有什么关系吗？

生 4：通过好丽友的金额和数量，我发现 70÷2=35 元，也就是总价 ÷ 数量 = 单价。

生 5：通过薯片的单价和数量，我发现 18×3=54（元），也就是单价 × 数量 = 总价。

生 6：牛奶的总价是 144 元，单价是 48 元 / 箱，144÷48=3（箱），我发现总价 ÷ 单价 = 数量。

【设计意图】通过完善小票，也完善对单价、数量和总价意义的理解，概括出"总价、数量、单价"之间的数量关系式，通过计算、验证、发现，培养学生的合情推理能力以及抽象概括能力。

活动四：聚焦一类问题，促进本质理解

教师引导学生观察并发现三个问题本质模型是每份数、份数和总数之间的关系。有意引导学生从一类问题中找到相同之处，感受模型结构。

师：刚才解决了与路程有关的问题，哪种方案更便宜的问题，购物中的小票问题，请问解决问题过程的方法有什么共同点吗？

（先独立思考与列式，再同桌进行交流，最后请学生代表汇报分享）

生1：求哪种方案更便宜时，我们是采用比较一千克的价格的方法解决，我发现速度也有这样相同的意思，购物中就更明显是单价是一份量的价钱。

师：你的意思解决的方法的相同点是？

生1：只要知道一份量表示什么，再知道有多少的数量，我们就能解决总数的问题了。

生2：我同意，也是我们之前理解的每份数 × 份数 = 总数。

师：你的意思是说与路程有关的问题，每份数是？

生（齐答）：速度。

师：谁更便宜，购物小票问题，每份数是？

生（齐答）：单价。

生2：速度是单位时间走过的路程，单价是一份单位重量的价格，本质上就是一份表示多少。

生3：我现在知道任意两个量，就可以求相关联的第三个量。

师：能具体说明吗？

生3：比如路程问题中，知道速度、时间，就可以求路程；知道路程、时间，就可以求速度，因为路程 ÷ 时间 = 速度；同样的方法也可以求时间。

生4：我发现单价、总价、数量之间也有和速度、路程、时间一样的方法：已知任意两个量，可以求相关联的第三个量。

生5：我认为，甚至可以用份数、每份数、总数之间的关系来统一表达解决问题的方法。

师：你们的意思是说，今天看似解决路程、购物小票的问题，实际上是解决相同的一类问题？

生（齐答）：对，份数、每份数的问题。

【设计意图】通过对现实生活中的同类问题进行提炼，沟通除法模型，进而引出乘法模型。引领学生思维的动态发展，促进对知识本质的理解，问题归一解决。

活动五：动态化提升能力，体会模型普适性

提供一个除法算式和一个乘法算式，拓展对模型的理解，深化模型的认识。

师：你能用 160 ÷ 40 解决什么问题？

师：如果用 40 × 5，你又能解决哪些问题？

【设计意图】引导学生把刚刚建立的数学模型应用到实际生活中，从理解到运用，从路程问题，购物问题，数量问题，乘车问题等，归类思想，统一模型，在应用的过程中深入感悟模型。第二层意思：鼓励学生通过编题方式，理解到数学来源于生活，最终要用于生活的道理，帮助学生感悟到一个模型可以解决很多情境中的数学问题。

案例26：找准关系，解决问题

——"分数除法（三）"课后练习一课教学实践

深圳市宝安区建安小学　赵少棠

【课例背景】

本节课是北师大版小学数学五年级下册第五单元"分数除法"的第7课时（选自教材第63-64页第8-13题）内容。本节内容是在学生学习了分数除法（三）基础上进行的练习教学。教材主要设计了6道题目，其中第1题（原第8题，下同）侧重巩固解方程的方法，后5题则鼓励学生在新的情境中，综合自己对题意、运算或等量关系的理解来解决问题。从而将复杂的分数除法问题转化为分数乘法解决。

根据《课程标准（2011）版》的要求，教科书提倡学生用方程解决分数除法实际问题。分数除法应用问题是教学中的难点，尤其是分数除法和乘法混编时，学生难以判断是用乘法还是用除法进行解答，这需要学生灵活分析与理解数量间的关系。由于理解存在困难，学生往往依靠记忆题型来解决问题，这就失去了在解决问题中培养学生解决实际问题能力的作用。而利用方程解决分数除法的问题，通过用字母表示未知量，寻找等量关系后列方程，就可以化解分数除法应用问题的难点，也帮助学生更好理解题目意思。那么课前，以下问题更值得思考：

1.如何寻找数量关系？2.会验证结果对解决问题也起到一定的积极作用，如何引导学生在练习中自觉验证，判断解题方法的正确与否？进一步体会方程方法的优越性。学生在一、二年级就经历了"平均分"的活动经验，为初步认识分数积累大量经验。到了三年级，学生学习了分数的初步认识。五年级上册，学生学习了分数的意义。本册，学生进一步学习了分数加减法及应用，分数乘法及应用，倒数的认识。本单元，学生又学习了分数除以整数、除数时分数的除法的计算方法，以及用方程解决简单的有关分数的实际问题。分数除法应用问题是教学中的难点，尤其是分数除法和乘法混编时，学生难以判断是用乘法还是用除法解答。在此，我们需要帮助学生真正地理解数量关系，建构解决问题的模型。

【学习目标】

1.通过练习巩固用方程解决简单的有关分数的实际问题。

2.进一步掌握分析实际问题中的数量关系的方法，正确找出题目中的数量关系。

3.体会方程在解决实际问题中的优越性。

【学习活动】

活动一：复习回顾，巩固方程解决问题步骤

1.提出问题，回忆旧知。

师：你是怎样应用方程解决分数问题的？说说你的步骤。

2.学生独立思考、小组交流。

3.交流汇报方法。

生1：先寻找题目中的等量关系。

生2：设 x，列出方程后，解方程。

生3：记得要验算。

4.小结：方程可以解决有关分数的实际问题，方程解决问题的一般步骤为：（1）找出等量关系式；（2）列出方程；（3）解方程；（4）检验，写答语。

【设计意图】通过复习回顾，让学生巩固应用方程解决有关分数问题的一般步骤，为下面的练习教学做好铺垫。

活动二：总结提升，巩固、提升方程方法

师：大家掌握了应用方程解决问题的方法，那你敢挑战以下有关分数的问题吗？

1. 解方程。

$$\frac{1}{9}x = \frac{2}{3} \qquad \frac{2}{3}x = 54 \qquad \frac{7}{4}x = 35$$

$$\frac{1}{2}x = 16 \qquad 1.5x = 28.5 \qquad 8x = 42$$

图3 练习题1

1.独立算一算。

【要求】进一步巩固和理解学生对解方程方法的掌握。交流时，要选择几个题让学生说说如何解方程，同时关注对学习有困难学生的指导和帮助。

师：计算这些题，你用了什么方法？

生1：等式两边同时除以这个已知的乘数。

生2：我直接用积除以已知的乘数，就能求出另一个乘数。

生3：在计算的过程中，会用到本单元的新知识：分数除法，除以一个数等于乘这个数的倒数。

师：在解题的过程中，你有什么要提醒同学们的吗？

生1：计算时，能约分的要先约分。

生2：计算完可以将x的值代入检验。

小结：同学们都掌握了解这类方程的方法，做完检验真是个好习惯。

图4 练习题2

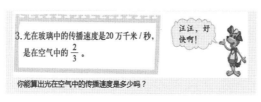

图5 练习题3

2. 独立完成第 2、3 题，和同桌说一说你的解题思路。

【要求】目的是培养学生解决实际问题的能力。在解决这个问题的过程中，要关注学生对等量关系的理解，鼓励学生找出问题情境中的等量关系，列方程解决问题。也可用算术法解决，但算术法不做统一要求。

师：解这两道题，你的思路是什么？

生 1：我用方程解答，先根据题意写出等量关系，把等量关系中未知的设为 x，列方程，最后解方程。

生 2：我直接用除法计算。

师：这两道题的等量关系是怎样的？

生 1：第 2 题：宇宙飞船的速度 × $\frac{2}{3}$ = 人造卫星的速度

生 1：第 2 题：宇宙飞船的速度 × $\frac{2}{3}$ = 5.1

生 1：第 3 题：光在空气中的传播速度 × $\frac{2}{3}$ = 光在玻璃中的传播速度

生 1：第 3 题：光在空气中的传播速度 × $\frac{2}{3}$ = 20

师：通过写等量关系，你发现了什么？

生 1：写等量关系就是把题中的关系用数学符号更简洁地表示出来。

生 2：这两题单位"1"都是未知的。

生 3：写出等量关系，如果用方程解决，就设未知量为 x，然后列方程解决；如果用除法，就用积除以这个已知的乘数。

小结：这两道题都是单位"1"未知的情况，只要写出等量关系，用方程或者除法就能解决。

> **4. 一件衣服打六折后的价钱是72元，这件衣服的原价是多少元？先写出等量关系，再列方程解决问题。**

图 6 练习题 4

3. 独立做一做。

【要求】练习时，先让学生理解"六折"的意思是现价是原价的 $\frac{6}{10}$，鼓励学生找出题目中的等量关系，然后列出方程解决问题。

师：你知道"六折"的意思吗？说一说你的理解。

生 1：六折的意思是现价是原价的 0.6 倍。

生 2：六折的意思是现价是原价的 $\frac{6}{10}$。

师：哪个是现价？

生 3：72 元是现价。

师：那你能根据题意列出等量关系式吗？

生 4：原价 × $\frac{6}{10}$ =72

师：那我们一起来列方程计算吧。

小结：这道题也是单位"1"未知的情况，方程法可以正确求出单位"1"。

5. 王老师从北京乘火车去广州，行驶10时走完全程的 $\frac{5}{11}$ 。按照这样的速度，从北京到广州全程需要多长时间？

图 7 练习题 5

6. 育才小学开展了节水活动，10月用水240t，是9月用水量的 $\frac{5}{8}$ 。9月用水多少吨？先与同伴说一说你是怎么想的，再列方程解决问题。

图 8 练习题 6

4. 独立完成第 5、6 题，再和同桌说一说你的解题思路。

【要求】在学生独立思考的基础上进行交流，加强对数量关系的分析，鼓励学生找出问题情境中的等量关系，而后列出方程。对理解有困难的学生也可以运用画图的方式，帮助其进一步理清数量关系。要避免学生机械套用题型的情况，引导学生根据情境中的数量关系和运算的含义解决问题。

师：谁来说说这两题的等量关系式。

生 1：第 5 题：全程时间 × $\frac{5}{11}$ = 10

生 1：第 6 题：九月份用水量 × $\frac{5}{8}$ = 240

师：你是怎么得到这些等量关系式的？说说你的方法。

生1：全程时间的 $\frac{5}{11}$ 就是求一个数的 $\frac{5}{11}$，所以可以用乘法，它的 $\frac{5}{11}$ 是 10 小时，所以全程时间 $\times \frac{5}{11} = 10$ 小时。

生1：九月份用水量的 $\frac{5}{8}$ 可以用九月份用水量 $\times \frac{5}{8}$ 来表示，所以九月份用水量 $\times \frac{5}{8} = 240t$。

师：那有了这两个等量关系式，我们可以用方程来解决问题了。

【设计意图】本环节的练习题重在让学生巩固寻找等量关系、应用方程解决有关分数实际问题的方法。

活动三：交流方法，体验方程方法的优越性

师：你觉得应用方程解决问题有什么好处？

生1：体现数量关系。

生2："顺向思维"一看就懂。

生3：很容易验证结果是否正确。

总结：利用方程解决分数除法的问题，通过先设字母表示未知量，寻找等量关系列方程，就可以化解分数除法应用问题的难点，使我们理解起来会容易一些。

【设计意图】本环节的教学让学生在交流中感受到应用方程解决问题的优越性，为学生正确应用方程解决实际问题打下了坚实的基础。

活动四：总结全课，提升方程方法

师：孩子们，今天我们做了练习（二）的练习。请谈一谈，你有什么收获？

生1：我发现找对等量关系太重要了。

生2：我发现先写出等量关系，单位"1"未知，可以用方程或者除法解决问题。

生3：方程可以顺向记录我们的思考过程，而且方便检验是一个好方法。

案例 27：动态赋能，建立知识结构的前后联系

——"分数的再认识（一）"一课教学实践

深圳市福田区外国语学校（香蜜） 马希纯

【课例背景】

在北师大的教材中，学生要经历三次分数的认识，一次是三年级"分数的初步认识"，两次是五年级上学期的"分数的再认识（一）""分数的再认识（二）"。三次认识中从三个侧面引导学生认识分数的不同意义。

"分数的再认识"是在三年级初步认识分数的基础上，从率的角度来理解分数。需要创设多种直观模型来理解分数的含义，引导学生从多元的角度理解分数的意义。将分数从感性认识上升到理性的认识，概括出它的意义。通过实例概括出分数表示整体与部分之间关系的意义，进一步理解分数表示多少的相对性。

俞正强老师指出：分数的初步认识与再认识：由一至二数量的多少，"率"的意思是两个（或多个）对象数量之间的关系。对于用数来表示一个量的多少与两个量之间的关系，学生在整数的认识中其实已经有所体会。

分数的产生主要基于分物、度量、比较中的"倍比"关系。分数概念的核心是量、度量单位（基准量）与量数的基本关系，即量 = 度量单位（基准量）× 量数。因此，分数具有两种不同的意义：一种是分数可以表示量的大小，这时或者是单位分数，或者是分数单位的整数倍。另一种是分数可以表示量数（也就是"率"）。"量数"是以一个量为基准量（分数单位）去度量另一个量所得的结果，它是描述两个量的"倍比关系"的一个数（自然数或分数）。所以，从更抽象的角度看，无论是作为"量"的分数还是作为"率"的分数，其核心都是"分数单位（基准量）"。

因此，我们将教学内容中的问题情境动态化呈现，具有指向性地一步步

动态化每个细节，让学生的关注点落在"部分与整体的关系"上。分物与整体与部分的关系，实际上是知识结构化的体现，也就是将数学知识一体化的过程，从原有的散点到网状的面的聚合，形成了一个不可分割的整体，让学生基于分数的意义来认识分数的本质，从而实现了学生学习效率的提升，思维结构化的形成和本体知识的关联性突破。

【学习目标】

1.结合具体的情境，经历概括分数意义的过程，理解分数表示多少的相对性。

2.在具体的情境中，发展数感，体会分数与生活的密切联系。

【学习活动】

活动一：基于学生学情，挖掘分数的本义

游戏引入，再用画图的方式表示出$\frac{3}{4}$，收集学生的作品，比较异同，寻找分数的本质意义。

谈话引入，用乐高表示分数。

提问：同学们，喜欢玩乐高吗？想一想，第一块乐高用数字 1 表示，下面的乐高用哪个数表示比较合适？

问题一：还可以表示什么？请你在纸上写一写，画一画。贴在黑板上的作品，你看懂了吗？

展示学生的作品

学生依次举例回答。

生 1：把一个长方形平均分成 5 份，其中的 3 份就是$\frac{3}{5}$

生 2 : 把一条直线平均分成 5 份, 其中的 3 份就是 $\frac{3}{5}$

生 3 : 把四个三角形平均分成 5 份, 其中的 3 份就是 $\frac{3}{5}$

生 4 : 把 15 根骨头平均分成 5 份, 其中的 3 份就是 $\frac{3}{5}$

师 : 在 20、10 根骨头中能不能找出 $\frac{3}{5}$, 请你来帮大家找一找。

问题二 : 观察一下, 为什么这些图都能用 $\frac{3}{5}$ 表示?

生 1 : 一张纸, 一条线段本身就是一个整体, 把它平均分成 4 份, 其中的三份就是它的 $\frac{3}{4}$, 而圆形和三角形有多个, 所以需要先把它们看成一个整体, 再平均分成 4 份, 其中的三份就是整体的 $\frac{3}{5}$。

生 2 : 拿圆形来说, $\frac{3}{5}$ 表示的是把一个整体平均分成 5 份, 其中的三份就是整体的 $\frac{3}{5}$, 这个整体可以是 15 个、20 个、10 个, 只要符合平均分成 5 份, 取其中的三份就可以了, 与具体的数量是没有关系的。

生 3 : 分数不仅可以表示把单个物品平均分, 还可以表示多个、多组, 只要把它们看成一个整体。

(板书 : 把一个整体平均分成若干份, 其中的一份或几份, 可以用分数表示)

【设计意图】通过呈现学生不同的作品, 让学生从不同的分数表现形式发现分数的特征, 发现部分与整体之间的关系, 从而打通与三年级对分数的分物的认识, 将分数的认识落在本质的意义上。学生能从整体的视角发现问题、提出问题, 从而培养学生的结构化思维和学习习惯。

活动二 : 呈现多样作品, 理解分数的结构

提供正方形纸片, 引出一个图形的 $\frac{1}{4}$ 是 ⬚⬚, 摆出原来图形的样子, 体会分数 "率" 的意义。

问题三：如果一个图形的 $\frac{1}{4}$ 是这样 $\boxed{}\boxed{}$ 的两个小正方形，你能想象出这个图形是什么样子的吗？请用手上的正方形摆一摆。

展示学生摆的过程。

提问：比较看看，大家摆出来的形状都不一样，行吗？

生1：两个正方形是一组， $\frac{1}{4}$ 是平均分成4份，取其中的1份，那么1份是2个正方形，全部有 $2 \times 4 = 8$（个），总数是8个。

生2： $\frac{1}{4}$ 是一个分数，表示部分与整体的关系，也就是总体是部分的4倍，因此摆出来是2个正方形的4倍就可以了。

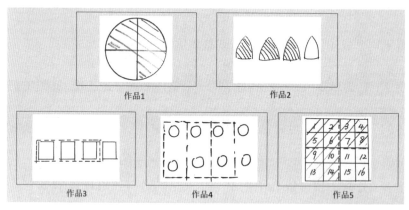

提问：受到启发了吗？除了黑板上的作品，你还能不能摆出其他的图形？

再次展示学生不同的作品

【设计意图】从"数量比"过渡到"份数比"，即总体为4份，部分占其中的一份，也就是 $\frac{1}{4}$ 是整体与部分的倍数关系，而不是具体的数量。强调动手操作摆一摆，发展学生的空间观念的同时让课堂更加有效率。请学生互相讨论与启发后，请学生再次尝试摆出图形，以发散学生的思维，达到答案多样化的效果。

活动三：借助游戏活动，理解分数的相对性

游戏探索，巩固内化

我们已经掌握了分数表示整体与部分的关系。接下来我们一起利用分数来玩两个游戏。

提问：请你拿出笔盒里笔的 $\frac{1}{2}$，举起来，你发现什么？

问题四：大家拿出的支数为什么不一样多呢？

生1：每个同学笔的支数不一样，$\frac{1}{2}$ 表示把总体平均分成两份，其中的一份。整体不一样，部分也不一样。

生2：整体多，部分就多；整体少，部分就少，整体和部分是相对的。

生3：$\frac{1}{2}$ 的数量是相对的，不是绝对的。（板书：相对性）

问题五：大家拿出的支数不一样，为什么还都是 $\frac{1}{2}$ 呢？

生1：$\frac{1}{2}$ 表示总体与部分的关系，不是具体的数量。

生2：$\frac{1}{2}$ 表示总体与部分的倍数关系，与具体的数量无关。

【设计意图】借助"拿铅笔"的情境，使学生认识到，对同一个分数来说，整体的数量不同，对应部分的数量也不同。从相对量的比较理解分数意义中的部分与整体的关系。相对量是有参照物的，而绝对量不需要。

回顾总结，记录讨论

问题六：你学习到了什么？你是如何学习的？你觉得自己学得怎么样？

生1：分数是分出来的，三年级是分一个物体，五年级是分一个整体，这个整体包括单个物体、多个物体、多组物体。

生2：通过实例概括出分数表示整体与部分之间关系的意义，进一步理解分数表示多少的相对性。

案例 28：聚焦推理，让规律动之以生

——《商不变的规律》一课教学实践

深圳市福田区荔园外国语小学（水围） 郭敏敏

【课例背景】

《商不变的规律》是北师大版四年级上册第六单元第 8 课时的内容，本节课是在学生积累了一定的乘除法计算方面的知识，并学习了积的变化规律和除数是两位数的口算和笔算方法的基础上进行教学的，通过引导学生经历"计算—观察—探索—发现—猜想—验证—应用"的过程，培养学生初步的观察分析和抽象概括的能力。学生在学习本节课之前已经学习了三位数乘两位数的笔算和积的变化规律、学习了除数是两位数的除法的口算和笔算，已有一定的口算和笔算除法计算能力的知识基础。本节课的学习，能让学生进一步体会除法各部分间的内在联系，渗透函数思想，为今后学习"小数除法，分数的基本性质，比的基本性质"等打下坚实的基础。

为让学生动态感悟商不变的规律，而非记住规律，本课在设计时活动的层次性非常鲜明巧妙，先是让学生在计算之后谈发现，埋下规律的种子，接着让学生尝试写商相同的算式，让规律的种子发芽，接着进行规律的猜测与验证，让规律的绿叶茂然生长，最后总结终于得到规律的花朵，在经历探索与发现商不变规律的过程中，推理意识培养无处不在，深深镶嵌在整个学习过程里。

【学习目标】

1. 经历探索与发现商不变规律的过程，理解商不变的规律，发展提出问题和解决问题的能力，渗透推理意识。

2. 结合具体的问题，能运用商不变的规律，寻找合理便捷的运算途径，感受算法的多样化，体会规律的价值，提高运算能力。

3.在探索规律的过程中，逐步培养独立思考、合作交流、反思质疑的良好学习习惯。

【学习活动】

活动一：算一算，提供感知材料

师出示4组计算题，让学生先计算，然后说自己的发现。

口算，比比看，谁算得又准又快！

$8 \div 2 =$	$64 \div 16 =$	$48 \div 24 =$	$100 \div 20 =$
$80 \div 20 =$	$440 \div 20 =$	$240 \div 12 =$	$7800 \div 300 =$
$800 \div 200 =$	$54 \div 18 =$	$138 \div 23 =$	$96 \div 2 =$

师：你算对了吗？观察一下，你有什么想说的？

生1：有一些口算起来很简单，比如80除以20、800除以200和8除以2算起来是一样的。

生2：我发现好几个商是4的。

【设计意图】给学生提供计算感知材料，让学生在计算的过程中初次感悟发现运算的规律。

活动二：比一比，一分钟谁写的算式多

师提出问题，要求学生写商相同的计算题，并总结写算式的秘诀。学生自己独立1分钟内写算式，然后小组交流自己的秘诀。

要求：写：写除法算式。

比：比一比谁写得多。

想：写除法算式的秘诀是什么。

师：像这样的计算题你一分钟可以写出多少呢？小组成员之间 PK 一下吧！

（学生自主探索、小组交流，师巡视。）

【设计意图】学生在第 1 题的基础上已经对商不变的性质有一定的感知，但还没有形成结论，那么在这里要写算式，自然会用到这个规律来进行书写，这个过程看似是运用，其实是进一步探索的过程，学生再一次发现被除数和除数同时乘或除以相同的数商不变的性质，也让学生体验运用商不变的性质可以让我们的计算变快。

活动三：说一说，讨论写得又快又对的窍门

1. 展示交流

师：请小组中在 1 分钟内写出算式最多的一位同学来说一说自己的窍门是什么？

生 1：我以前做过这样的题，所以记得这些算式。

生 2：我是先写出一组，然后把被除数和除数同时扩大到原来的 10 倍，它们的商是一样的。

生 3：我是先写出一组，然后把被除数和除数同时除以 4，它们的商是一样的。

生 4：我发现被除数和除数同时乘或除以相同的数，商不变。

2. 提出猜想

被除数和除数同时乘或除以相同的数，商不变。

3. 验证

算式	被除数	除数	商

（组织学生对自己所写的商是一样的算式按上面的表格进行整理。）

思考：究竟被除数与除数怎样变时，商才保持不变？

小组讨论，课堂交流得出结论：被除数和除数同时乘或除以相同的数，商不变。

【设计意图】作为本节课的重点内容，商不变规律的探索发现，采用了自己算一算、小组比一比、全班说一说、小组验一验的动态化的学习方式，更具有开放性，让学生有更大的探索空间。学生通过计算—观察—比较—交流—汇报—归纳得出规律，体验研究数学问题的基本思路和方法，培养研究问题的能力。

活动四：举例，证明同学们发现是错误的"例子"

师组织学生对于验证的结论进行再次验证，让学生发现这个相同的数不能是 0。

师：被除数和除数同时乘或除以相同的数，商不变。你可以举例吗？这个"相同的数"可以是任意一个数吗？

生 1：我觉得是任意一个数都可以，比如说 $8÷2=4$，被除数和除数同时乘 10，$80÷20=4$，商没有改变，被除数和除数同时乘 2，$16÷4=4$，商没有改变，被除数和除数同时除以 2，$4÷1=4$，商也没有改变。

生 2：我不同意，一般的情况是这样，但有一个数很特别，就是 0，当被除数和除数同时乘 0 时，除数变成 0 了，这个算式就没有意义了。

生 3：我同意，而且 0 不可以作为除数，被除数和除数不可以同时除以 0，所以这个相同的数不能包括 0。

师生小结：被除数和除数同时乘或除以相同的数（0 除外），商不变。

【设计意图】在学生推出结论的基础上，再让学生根据结论进行举例说明，加深了学生对性质的理解，从计算中发现的规律又运用到计算中去。学生在举例的过程中又会发现当被除数和除数同时乘或除以 0 时，这个结论是不成立的，让学生知道在发现规律时要考虑特殊的数，让学生亲身体验数学的严谨性。

活动五：拓展练习，利用商不变的性质改善计算质量

师引导学生进行巩固练习和总结，让学生感受在计算时利用商不变的性

质的便捷之处。

1. 你能解释他们这样计算 350÷50 的理由吗?

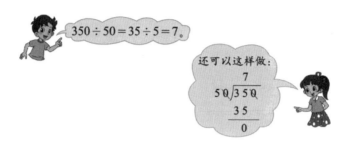

讨论:运用了商不变的规律,除数是整十、整百数的除法就变得简便了。

2. 试着计算下面这几道题。(书第 78 页第 3 题)

240÷30	80÷20	360÷90	4800÷400
440÷20	9200÷400	120÷40	2400÷60

3. 解决问题。不计算,猜猜谁跑得快些,说说你是怎样想的?

光明小学的运动会上,小雅说:"我 10 秒钟跑了 50 米",小新说:"我 30 秒钟跑了 180 米",同学们,他俩谁跑得快些,说说你是怎样想的?

4. 下面是淘气计算 400÷25 的过程,观察计算的每一步,你受到什么启发?(数学书第 78 页第 5 题)

$$400÷25$$
$$= (400×4) ÷ (25×4)$$
$$= 1600÷100$$
$$= 16$$

你能用这个方法计算下面各题吗?

150÷25   2000÷125

5. 师引导学生进行小结。

师:经过今天的探索,你有什么收获呢?

生 1:我学习到了一条规律:被除数和除数同时乘或除以相同的数(0 除外),商不变。

生 2:我发现在很多计算中用这条规律可以让计算变得特别简单。

生 3：我想提醒一下大家在计算时特别要注意，被除数和除数一定要乘和除以的是同一个数，不然容易算错。

【**设计意图**】通过应用商不变规律进行简便计算，深化学生对规律的理解。在解决问题中通过应用商不变规律进行计算，让原本复杂的除法变得简便，改善计算质量，渗透转化思想。让学生回顾学习过程和学习结果，并进行自我反思评价，再次体验学习经历，对学习过程进行系统化、条理化的归纳梳理，不仅可以促进学生掌握知识、领悟方法，也使整节课的完整性得到体现。

案例29：创设真实情境 动态进阶培养空间观念

——以"去图书馆"一课教学实践为例

河源市教育教学研究院 邓淑妮

【课例背景】

"去图书馆"是北师大版四年级上册第五单元《方向与位置》第1课时的内容，学生已经认识了上下、前后、左右、东、南、西、北和东北、西北、东南、西南等方位，并会用这些词描述物体的相对位置与所在方向。但对于具体的路线描述经历极少，对于如何才能准确描述路线、确定位置是学生的学习难点。如何通过真实情境，引导学生根据路线图准确描述出从一个地方到另一个地方的具体路线，并体会方向与距离对确定路线的重要作用是本课关键思考点。

教材给出的情境图是"笑笑去图书馆"，情境看起来很真实，但毕竟不是学生身边的图书馆，如何让学生体会描述路线图、确定位置是我们生活所需，数学就在我们身边，得对情境进行一定的加工处理。再者，笔者在教学中发现，情境图给出的信息过于完整，如果在课始就把情境图中所有的信息一次性抛出来，让学生尝试描述笑笑从家到图书馆的路线，学生根据图中的信息，虽不能精准描述，但也能说个大概，但对于"要让学生体会方向与距离对确定路线的重要作用"这个目标则难以实现。

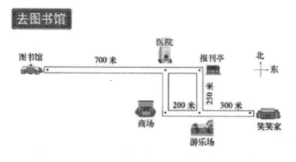

基于以上思考，笔者对于情境做了真实的再创造，设计"师生往返图书馆的情境""教师从学校回家"一连串的真实情境，并做了动态呈现，围绕核心任务"怎样说清楚从学校去图书馆的路线？"引导学生经历观察平面图、画出路线图、描述路线图等活动体验，体会方向和距离是描述路线图不可或缺的两个基本要素，力图达成学习目标，发展学生的空间观念和推理意识，培养学生核心素养。

【学习目标】

1. 能结合真实情境，根据路线图描述从一个地方到另一个地方的具体路线，体会方向与距离对确定路线的重要作用。

2. 经历探索描述简单路线图和绘制路线图的过程，发展空间观念，培养几何直观。

3. 在描述简单的路线图的探索与应用中，体会方向与位置知识的价值。

【学习活动】

活动一：学科融合，新旧联系

1. 出示成语填空，引出方位词。

（　）窜（　）跳　　　　（　）思（　）想　　　　（　）仆（　）继

（　）辕（　）辙　　　　声（　）击（　）

师：同学们，听说咱们班的孩子最喜欢成语填空，来试试！边填边思考，这成语中藏着哪些数学知识？

生：有上下左右、前后、东南西北，这些关于数学方向的词。

师：在五个成语中竟然藏着十个方位词，那同学们能不能在方向板中，把你知道的方向标出来。

2. 完善方向板的八个方位，引发旧知联系。

师：你能在方向板中填出 8 个方位吗？这些方位在你生活中常用吗？

生：好像不太常用，但是我们知道有了方位，就能找到位置。

师：真好，是的，这些方位词对我们确定位置很重要，今天我们继续学习有关"方向与位置"的知识。

【设计意图】 从学生成语填空引出方位词，继而完善方向板，引出 8 个常用方位词，既复习旧知联系新知，又体现学科的融合，激发了学生学习兴趣。

活动二：真实情境，动态呈现

1. 出示河源图书馆的图片。

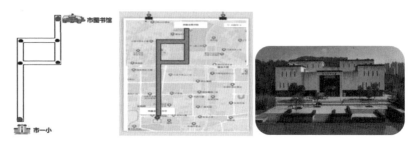

师：同学们去过河源图书馆吗？

生：去过，经常去。

师：那你知道我们从学校去图书馆该怎么走吗？

生 1：不知道。

生 2：学校出门往右走，直走再……

2. 教师顺势出示学校到河源图书馆的基本路线图。

师：你能指一指从学校到图书馆可以怎么走吗？

学生上台，指出两条路都可以走到图书馆。

3. 出示"不完整"的路线图，设计任务，引导学生初步进行描述。

师：今天老师想带同学们从学校出发，一起去图书馆参观参观，你能根据这幅图，清楚地描述从市一小去图书馆的路线吗？来，试一试。

生 1：从学校往上一直走，然后右转，再往上走，就到了。

师：大家能听懂吗？

生 2：不明白，上下怎么确定？还有哪个时候该右转呢？听不懂走到哪里了。

师：那谁能说得更清楚一点？

生3：从学校先往北走，一直走，再往东走，然后再往北走。

（老师在黑板前根据学生的描述，模仿走路的过程，学生发现根本无法说清楚路线，因为不确定方向，也不知道该走多远，难以确定位置）

师：大家觉得他讲清楚了吗？

生4：没有，老师，好像信息不够。

师：哦，大家认为少了什么信息呢？如果此时需要提示，你最想老师给你什么？

生5：我们觉得要给出方向和每一段路的距离，才能知道这一路走多远。

师：哦，原来要给出方向和距离，老师把它记下来。

（板书：方向、距离）

4.根据学生需要的提示，给出完整的情境图。

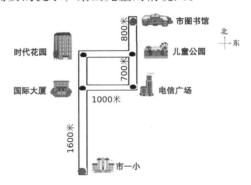

【设计意图】创设与学生生活紧密联系的"学校去图书馆"情境，从"不完整路线图——发现问题——提出增加信息——给出完整路线图"对情境做了动态化处理，逐层递进，让学生体会只有方向并不能准确表示出路线，还需要准确的距离，以及转弯点的地点名称。引导学生在描述冲突中体会方向与距离对确定路线的重要作用，培养了学生的空间观念和观察、思考力。

活动三：准确描述，正确刻画

1.说路线：根据情境图信息准确描述路线。

师：现在，你能根据这幅线图准确地描述出从学校到图书馆的路线吗？小组里先互相说一说。

学生在小组内表达交流，在互相补充质疑中说完整准确。

生1：从学校出发，向北走1600米，然后向东走1000米，最后向北走1500米就到图书馆了。

师：你们听明白了吗？还有不同意见或补充吗？

生2：老师，我觉得可以说清楚走到哪个地方再拐弯。

师：第一个同学听明白他的建议了吗？也就说要充分利用身边的建筑物来帮助自己确定位置，具体准确地描述。

师：那哪一位同学再来描述一下。

生3：从学校出发，向北走1600米到达国际大厦，然后向东走1000米到电信广场，最后向北走1500米到达图书馆。

师：两个同学对比，你们更喜欢谁的表达？为什么？

生4：第二个同学的，因为他这么说我就更清楚走了几段路，从哪里开始走多远到达哪里。

师：真好，那还有不同的路线吗？

生5：我从学校出发，向北走2300米到达时代花园，然后向东走1000米到儿童公园，最后向北走800米到达图书馆。

师小结：从这里大家发现，要描述清楚路线图，除了要知道走几段路，还要说清楚每一段路朝什么方向走，从哪里走到哪里，每一段路要走多少米。善于观察借助身边的建筑物作为参照，把路线说清楚。

师：下面请大家再选一条线，在小组里完整清楚地把路线跟组员分享一下吧。在说的时候记得要带上哪些关键要素？

生全体：方向、距离、参照建筑物。

2.画路线：画出从学校去图书馆的路线。

师：刚才我们把从学校到图书馆的路线说清楚了，你能把学校到图书馆的路线图画出来吗？

学生尝试画图。

教师选择三幅不同的学生作品进行分享交流。

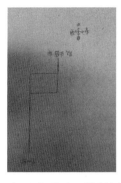

师：这里有几个不同的图，大家对比一下，你喜欢哪一幅，为什么？

生1：第一幅图太简单了，看不懂怎么走。我喜欢第三幅图，因为看起来比较清楚。

师：为什么第三幅图看起来会比较清楚呢？

生2：因为他不单画出路线，还画了方向标、地点还有每一段路的距离。

生3：是的，而且他每一段路的长度画得比较合理。

师：大家听到他说什么了吗？每一段路的长度画得合理，什么意思？

生4：因为第一幅图，明明第一段是1600米的，第二段是1000米，但是他第二段路画得比第一段还要长，显然是不合理的。

师小结：真是善于观察和思考。看来要画好路线图也不简单。不但要把我们刚才强调的三要素"方向、距离、参照地点"画出来，还要考虑每一段路长度画的合理性，这样就算没有标明多少米，我们从图中也能大概知道哪一段路更长。

师：下面大家再次对照自己画的路线图，把不合理的地方修改过来，并把画好的图和你同桌再说一说。

【设计意图】通过设计说路线——画路线——再说路线的活动，让学生经历从"不完整到完整"、从"模糊到清晰"多样描述路线的过程，在生生交流碰撞、对比辨析中，理清说和画路线图的关键，再次深刻体会方向与距离对确定路线的重要作用，发展了学生的空间观念。

活动四：往返对比，逆向推理

画并说出从图书馆返回学校的路线。

师：去了图书馆现在要返回学校，那从图书馆返回学校又该怎么画路线图呢？试一试，画好后和同桌说一说你有什么发现。

生 1：我发现从图书馆回来，画路线图的时候，是一样的，可以画一个箭头，表示一下方向不同就可以了。

生 2：我同意第一个同学的说法，但是在说的时候就不一样了，方向相反了，不过每一段的距离还是一样。

师：相反？大家听明白了吗？谁再来说一说。

生 3：我明白，比如说：本来学校到国际大厦是往北走 1600 米的，那如果要返回的话，就应该是从国际大厦往南走 1600 米，走的路程是一样的，但是方向相反了。

师：他用这一段路很清楚地表述出往返路线的区别。大家再来对比一下，往返路线的联系和区别还有哪些？

生 4：我发现拐弯点没有变。

生 5：每一段的路程也没有变。

生 6：是的，但方向要反过来说。

师小结：对的，在描述返回的路线时，大家要注意，每一段路的起点和终点是相反的，所以在描述时要改为相反的方向，如"向西"改为"向东"，"向北"改为"向南"。

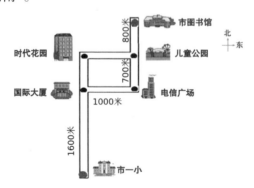

【设计意图】设计画和说从图书馆回到学校的路线，进一步让学生通过画图的方式描述路线图，通过对比反思、体会往返两者的互逆关系，发展学生的空间想象和推理能力。

活动五：生活应用，深化理解

1. 视频出示河源图书馆的介绍，激发学生看图书的欲望。

2. 出示教师从学校回家的路线图，让学生描述路线。

3. 布置实践任务：从百度地图中，查找你从家到学校，或者从家到图书馆的路线，尝试用今天学到的知识，带上关键三要素"方向、距离、参照建筑物"给你家人描述路线，并尝试把它画下来。

【设计意图】再次设计"老师从学校回家"现实情境，让学生从头到尾深切感受描述路线图、确定位置这些数学知识，并不是停留在书本上的，而是实实在在在我们的身边。设计一个实践任务，既有助于巩固新知应用，同时通过河源图书馆的介绍再次落实学科育人的根本任务，培养学生核心素养。

后　记

共"舞"，研究本来的样子

不知不觉与团队成员走过了近 2 年的时间，一路走来，我们每天都行走在课堂中，日复一日，年复一年，拨开迷雾见月明，找到了研究的乐趣，找到了共舞的本质，找到了成长的样子。在团队成立之初，我便在思考，如何带领我们的成员共"舞"？如何发挥每位成员的优势？又该如何依托课堂开展我们的常态研究服务教学？但在带徒弟的过程中，在辅导老师的比赛中，在参与教研活动中，在教师的访谈调研中，我都发现了青年教师对教材解读的困惑，因此确立了动态化呈现教学内容的主题展开研究。

曾经，我们因为一节课争得面红耳赤，只因想把课上得更好，把研究做得更好，因为我们深知：课堂，一个平常而又神秘的地方、一个让人向往又避而远之的地方、一个充满喜怒哀乐的地方，它必须是我们尊重的地方。当然有些人总"重复着昨天的故事"，有些人耕耘、寻变与研究，也有些人束之高阁指手画脚。但我们这群人，坚信只有敬畏课堂，研究教材，尊重学生，才能真正找到共舞的动力，实现共舞的目标，完成共舞的使命。

曾经，我们无数次走进他人的课堂，自己执教示范课，从原有的不安慢慢走向心安，是因为我们有团队的力量，我们有研究的支持，我们有胜利的信念，当然也是因为我们在研究中慢慢形成了自己的成果，变成了自己课堂教学的机智，教材解读的智慧和学生相处的奥秘。也正因为如此，我们的共舞有了目标，有了前进的动力，更有了不断追求更新的意志力，也形成了研究的合力。

曾经，我们因为研究毫无头绪而苦恼，也为研究落在课堂教学中效果不理想而抱怨，但我们在观察中研究、发现问题、寻求策略、总结经验、提炼方法，逐渐改进了课堂的样态，促进了研究的实践成果落地。回首曾经走过的路，重新认识课堂、理解教材、洞悉学情，我们才真正找到了课堂本该有的样子，也找到了研究本该有的样子，那就是一群人共同努力，做着有意义的事情，向前进。

一路走来，不能昙花一现，我们需要找到自己的路子与果子，因此将行与思汇聚成文字，集成一本书稿。把研究当成课堂变革的一部分，把研究当成教材解读的一部分，把研究当成学生相处的一部分，生成了新的教学观、学生观和教材观。

感谢我的学生！在课堂中我们一起前行、成长。

感谢我的领导、同事与家人！给予我帮助与力量，让我们全身心投入研究。

感谢我们团队的每位成员与"战友"！并肩完成了研究，完成了书稿，把每个课例都整理成了文字，把课堂当成了研究的阵地，提升了自己的专业素养，更树立了自己正确的职业观。

感谢我自己！尊重课堂、敬畏课堂、坚守课堂、研究课堂，经历挑战、痛苦、彷徨、开窍、通透……，收获了前所未有的喜悦与幸福，也收获了成长与突破。

共"舞"，研究本来的样子。这可能成为我的写照，我坚持把"同研共进，成人达己"作为工作室的建室理念，就是让我们的同伴们找到共同的理想，一起奋进，共同努力，因为我们坚信明天的我们都将更优秀、更有内涵。

陈永畅

2023 年 12 月